재잘재잘
이야기 손그림

노래로, 수수께끼로, 이야기로

영상 제공

지은이 김혜린, 박진성 | 그린이 홍미애

1판 1쇄 펴냄	2020년 4월 13일
지은이	김혜린, 박진성
그린이	홍미애
표지 디자인	조은혜
영상 출연	김혜린, 홍미애
영상 구연	김혜린
영상 촬영편집	노현태
영상 타이틀	노정민
펴낸이	노병갑
펴낸곳	㈜예술놀이터
출판등록	2016년 4월 1일 제 319-2012-28호
주소	서울시 동작구 남부순환로269가길 19 (사당동)
전화	02-3473-1244
팩스	02-6280-1266
웹사이트	artplay.co.kr
이메일	artplayzone@gmail.com
ISBN	979-11-88481-17-0 / 979-11-88481-16-3(세트)

* 이 책 내용의 전부 또는 일부를 재사용하려면 반드시 저작권자와 ㈜예술놀이터 양측의 서면에 의한 동의를 받아야 합니다.
* 책값은 뒤표지에 있습니다. 잘못 만들어진 책은 구매하신 서점에서 교환해드립니다.

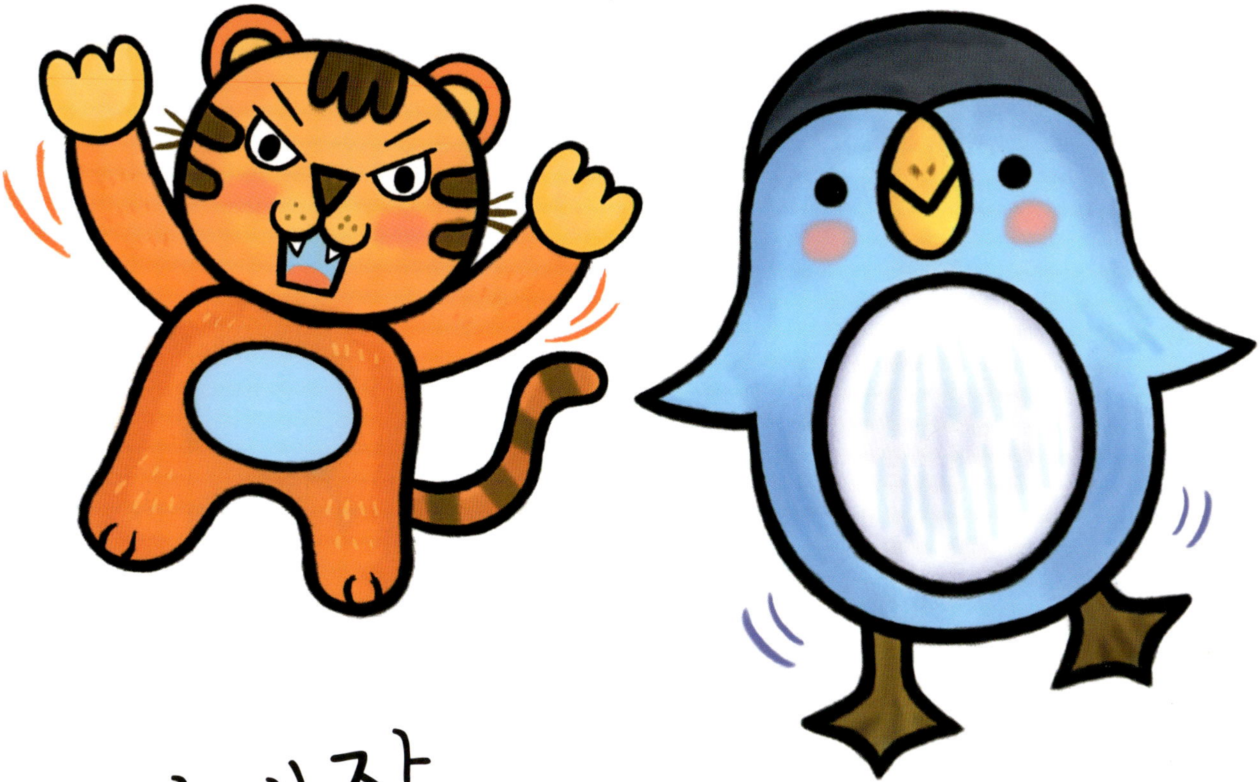

재잘재잘

이야기 손그림

노래로, 수수께끼로, 이야기로

지은이 김혜린, 박진성 | 그린이 홍미애

예술놀이터

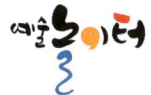

노래로 그리는 손그림

♬ 날 따라 해봐요, 이렇게!

01 날 따라 해봐요, 동그라미! 12
태양 / 풍선 / 시계 / 도너츠 / 토마토 / 꼬치 12
사과 / 핫도그 / 앵두 14

02 날 따라 해봐요, 세모! 16
리본 / 종이비행기 / 피자 조각 / 샌드위치 / 가랜드 / 물고기 16
당근 / 옷걸이 / 인디언 텐트 18

03 날 따라 해봐요, 네모! 20
꽃게 / 핸드폰 / 파리채 / 편지 / 피아노 / 액자 20
초콜릿 / TV / 가방 22

04 날 따라 해봐요, 모두 모두! 24
자동차 / 트럭 / 배 / 헬리콥터 24
비행기 / 로케트 26

♬ 하나부터 열까지!

05 동그라미 쏭 28
알사탕 / 독거미 / 완두콩 / 애벌레 / 올림픽 / 발바닥 / 관람차 28
인라인 / 진주 목걸이 / 포도송이 30

06 세모 쏭 32
폭죽 / 꽃다발 / 크리스마스트리 / 딸기 / 풍차 / 별 / 꽃 한 송이 32
악어 이빨 / 도깨비방망이 / 다이아 반지 34

07 네모 쏭 36
양초 / 냉장고 / 3단 케이크 / 선물상자 / 하마 입 / 카메라 / 빌딩 36
실로폰 / 쇼핑카트 / 기차 38

차 례

♪ 노래 부르면 그림이 나와요!
- **08** 악어 떼 40
- **09** 감자에 싹이 나서 42
  - 달팽이 / 사자 / 여우 / 두더지 42
  - 암탉 / 딱따구리 44

♪ 콕 찍으면 그림이 나와요!
- **10** 띵동! 무슨 공일까요? 46
  - 축구공 / 볼링공 / 야구공 / 골프공 / 테니스공 / 농구공 46
- **11** 찾았다! 바닷속은 보물섬 50
  - 문어 / 오징어 50
  - 해파리 / 불가사리 / 가오리 / 바다거북 / 새우 52

수수께끼로 그리는 손그림

무엇일까요?
- **01** 동글동글 무엇일까요? 56
  - 계란 후라이 / 오리 / 무당벌레 / 잠자리 / 개구리 56
  - 원숭이 / 곰 58
  - 잠수함 60
- **02** 빙글빙글 무엇일까요? 62
  - 막대사탕 / 롤케이크 / 나이테 / 팽이 62
  - 안경 / 나비 64
- **03** 쭉쭉쭉쭉 무엇일까요? 66
  - 소나기 / 파인애플 / 옥수수 / 잠자리채 66
  - 해바라기 / 무지개 68
- **04** 올록볼록 무엇일까요? 70
  - 벙어리 장갑 / 호박 / 선인장 / 고릴라 70
- **05** 구불구불 무엇일까요? 73
  - 뱀 / 수박 / 해초 / 해마 73
- **06** 꼬불꼬불 무엇일까요? 74
  - 스케치북 / 머핀 / 나무 / 양 74
- **07** 뾰족뾰족 무엇일까요? 76
  - 왕관 / 단풍잎 / 밤송이 / 크리스마스트리 / 고슴도치 76

이야기로 그리는 손그림

10초! 간단한 이야기 손그림

- **01** 동산 위에 꿀벌이 윙윙! 꿀벌 80
- **02** 동산 위에 나비가 훨훨! 나비 82
- **03** 호떡 먹다 돼지 되지 돼지 84
- **04** 수리수리마수리, 나와라! 눈사람 눈사람 86
- **05** 치즈를 훔친 범인은 생쥐! 생쥐 90
- **06** 아기 고양이를 찾아서 고양이 92
- **07** 펭귄이 우주선을 타고 와 하는 말 펭귄 94
- **08** 부엉이는 숲속 밤손님 부엉이 96
- **09** 빗자루 마녀 마녀 98
- **10** 새가 된 임금 새 100
- **11** 공동묘지에 사는 대머리 독수리 독수리 102
- **12** 여름에는 선풍기가 최고! 선풍기 104

30초! 조금 복잡한 이야기 손그림

- **13** 강아지 화장실 강아지 106
- **14** 잠꾸러기 코알라 코알라 108
- **15** 공작의 숲속 생일잔치 공작 110

차 례

16 풍선을 찾아준 기린 기린 112
17 무지개를 품은 카멜레온 카멜레온 114
18 산타 할아버지의 선물 산타 할아버지 116
19 코끼리 아저씨는 소방관 코끼리 118
20 우유를 주고 간 젖소 젖소 120
21 상어가 바다에서 제일 빨라 상어 122
22 왕관의 주인공은 타조 타조 124
23 동물들의 무덤을 만들어 준 박쥐 박쥐 126
24 떡 할머니와 호랑이 호랑이 128
25 공룡 발자국의 주인을 찾아서 공룡(트리케라톱스) 130
26 해적들이 훔친 공룡 알 공룡(티라노사우르스) 132

60초! 만화 손그림

27 애벌레 살려! 134
28 아기 고래가 배탈이 났어요! 138
29 난 커서 뭐가 될까? 144
30 꼬꼬댁네 봄나들이 대소동 148
31 별 따라 간 토끼 152

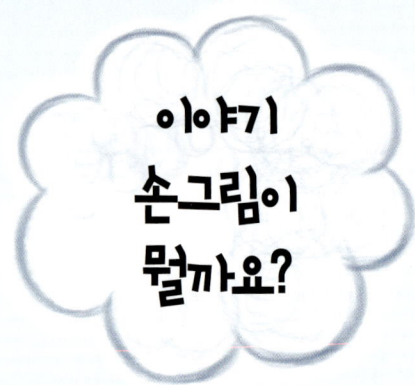

이야기 손그림이 뭘까요?

"해골바가지"를 아시나요?

"아침 먹고 땡! 점심 먹고 땡! …"
노랫말을 따라 그리다 보면 짜잔~!
해골바가지가 완성됩니다. 전 국민 누구나 어렸을 때 한 번쯤은 해본 놀이죠.

'해골바가지'는 왜 세대를 뛰어넘어 이렇게 전 국민이 아는 놀이가 됐을까요?
일단 재밌습니다. 해골바가지를 그린다는 거 자체가 재밌습니다.
또 쉽고 단순해서 누구나 그릴 수 있습니다.
거기에다 읊조리면서 부르는 노래가 있습니다. 노래와 그리기가 결합한 놀이.
그뿐만 아닙니다. 예측하지 못한 반전의 요소까지 갖추고 있습니다. 마지막에 해골바가지가 나오면
처음 본 사람은 누구나 "와~"하고 감탄과 함께 웃음을 짓게 됩니다.
이런 요소들로 인해 '해골바가지'는 많은 사람이 좋아하는 그림놀이가 되었습니다.

노래와 함께 그리는 그림놀이에는 '해골바가지'만 있는 것이 아닙니다. 그 밖에도 사람 얼굴,
동물, 만화 캐릭터 그리기 등이 전해지고 있습니다. '돈'이라는 글자를 이용한 '간디 얼굴 그리기',
'빛나는 백화점 남자', '빛나는 백화점 여자' 그리기, 숫자를 이용한 곰, 돼지, 오리 등 동물 그리기,
'둘리' 그리기 등이 있습니다. 이 중에서 단연 인기 있는 것은 해골바가지죠!

해골바가지처럼 쉽고 재밌는 이야기 손그림!

저희는 해골바가지처럼
1. 누구나 흥미를 갖고 쉽게 그릴 수 있는 그림 그리기
2. 그리는 과정이 더 재밌는 놀이로서의 그림 그리기
3. 혼자서 그리는 것이 아니라 다른 사람(관객)과 함께 그리는 그림 그리기
위의 3가지 요소들이 담긴 그림 놀이를 만들었습니다.

그 결과물이 바로 『재잘재잘, 이야기 손그림(노래로, 수수께끼로, 이야기로)』입니다.

책의 구성

첫 번째, 노래로 그리기

이야기 손그림의 '첫걸음'이죠.
누구나 아는 기존 곡부터 직접 작곡한 쉬운 낭송 조의 노래까지
다양한 곡들을 그림과 함께 담았습니다.
'해골바가지'처럼 오래오래 기억에 남는 그림들을 그려볼 수 있을 것입니다.

두 번째, 수수께끼로 그리기

수수께끼는 어른, 아이 할 것 없이 호기심을 느끼고 금방 빠져듭니다. 이런 재미 요소를 그림 놀이에 담았습니다.
스무고개 수수께끼 풀 듯이 그리는 사람과 보는 사람이 상호작용이 이루어지도록 했습니다.
혼자서 그리는 그림이 아니라 서로 주고받으면서 그림을 완성해가게 됩니다.

세 번째, 이야기로 그리기

그림 그리기에 기승전결이 있는 이야기를 담았습니다. 그림 그리기가 한편의 동화, 짧은 애니메이션을 본 느낌이 들도록 말이죠.
눈사람을 그릴 때 어떻게 그리시나요? 동그란 얼굴을 그리고, 그보다 큰 몸통을 그리시죠? 대부분 사람이 그렇게 그릴 것입니다.
하지만 이 책에 실린 「수리수리마수리, 나와라! 눈사람」은 다릅니다. 작은 비눗방울들이 여기저기 그려지고 나비가 나옵니다.
그러다 커다란 비눗방울이 둥실 떠올라서 나뭇가지로 터뜨린 후 그림을 돌리면 짠! 눈사람이 완성되어있습니다. 마치 마법처럼!
'이야기로 그리기'는 관습적인 그림 그리기 순서를 뒤집고, 해체하고 새로운 시선으로 사물을 보게 합니다.
이러한 그림 그리기를 통해 사물을 바라보는 시각의 폭을 넓힐 수 있을 것입니다. 표현력과 상상력, 생각하는 힘을 기를 수 있습니다.
나아가 스스로 이야기를 만들고 자기만의 손그림을 그리는 창작자가 될 수 있습니다.

"그림에는 정답이 없습니다!"

혹시 '이야기 손그림'이 똑같은 그림 그리기를 익히게 하는 것은 아닌지 걱정됩니다.
여기에 나온 그림 그리기는 정답이 아닙니다.
'이야기 손그림'은 그림을 좀 더 쉽고 재미있게 다가가도록 도와주는 하나의 도구일 뿐입니다.
'이야기 손그림'을 통해 나만의 그림을 찾으세요.

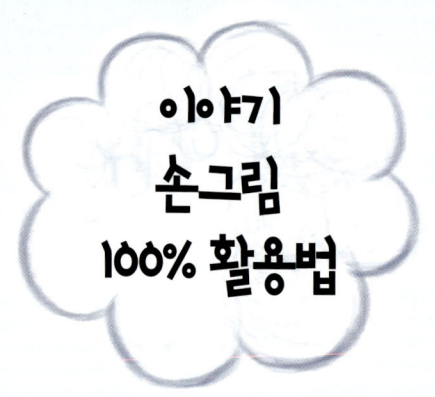
이야기 손그림 100% 활용법

1. 쉽고 단순한 것부터 그리세요.

처음에는 간단한 도형을 이용해서 그려보세요. 그러다 힘이 붙으면 도형을
하나씩 보태면서 조금씩 복잡한 그림으로 발전시켜 나가세요.
1장 노래로 그리는 손그림과 2장 수수께끼로 그리는 손그림이
바로 그런 그리기입니다.

2. 동화책을 보듯이 이 책을 보세요.

이 책은 일러스트 북이 아닙니다. 마치 동화책을 읽듯이, 그림책을 보듯이 책을 읽고, 이야기를 따라 그림을 그리세요.
그리는 과정에 집중해보세요.
3장 이야기로 그리는 손그림이 바로 그런 그리기입니다.

3. 나의 이야기 손그림을 만드세요.

이 책의 그림들은 그저 예시일 뿐입니다. 책 속의 그림을 변형하고 발전시켜 나가세요.
그리고 나의 이야기 손그림을 창작하면서 즐기세요.

4. 영상을 통해 더 재밌게 그림과 친해지세요.

책 속 149개 그림을 구연과 함께 영상으로 담았습니다.
더 쉽고, 더 재밌게 그림 그리기에 빠져들 수 있으니 영상보기 놓치지 마세요!
(이 책의 마지막 페이지에 이야기 손그림 영상을 보거나 다운로드 할 수 있는 시리얼넘버가 있습니다.
본문에 있는 QR코드를 찍으면 해당 영상으로 바로 가실 수 있습니다.)

이 책이 그림 그리기의 재미를 알게 해주는 도구로써 활용되길,
새로운 그림 그리기 세계에 눈을 뜨는 디딤돌이 되길 바랍니다.

1. 노래로 그리는 손그림

날 따라 해봐요, 이렇게!

하나부터 열까지!

노래 부르면 그림이 나와요

콕 찍으면 그림이 나와요

이 날 따라 해봐요, 동그라미!

♬ 날 따라 해봐요, 이렇게!

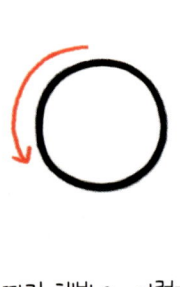
날 따라 해봐요, 이렇게!

날 따라 해봐요, 이렇게!

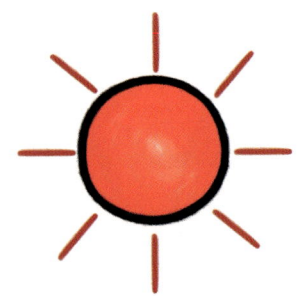
날 따라 해봐요, 이렇게!

태양이 되었네!

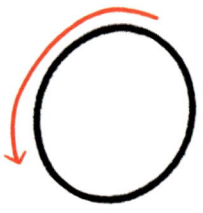
날 따라 해봐요, 이렇게!

날 따라 해봐요, 이렇게!

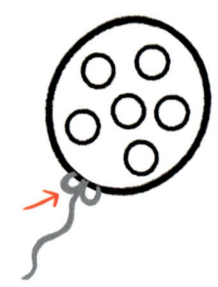
날 따라 해봐요, 이렇게!

풍선이 되었네!

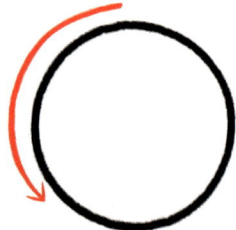
날 따라 해봐요, 이렇게!

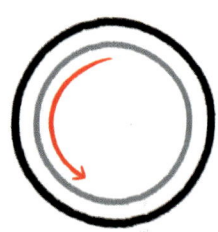
날 따라 해봐요, 이렇게!

날 따라 해봐요, 이렇게!

시계가 되었네!

태양 / 풍선 / 시계 / 도너츠 / 토마토 / 꼬치

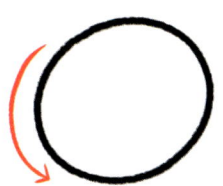 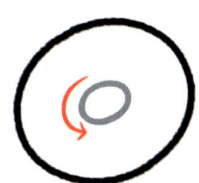  

날 따라 해봐요, 이렇게!   날 따라 해봐요, 이렇게!   날 따라 해봐요, 이렇게!   **도너츠**가 되었네!

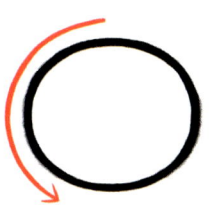   

날 따라 해봐요, 이렇게!   날 따라 해봐요, 이렇게!   날 따라 해봐요, 이렇게!   **토마토**가 되었네!

 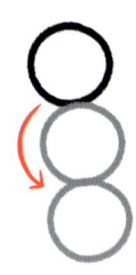  

날 따라 해봐요, 이렇게!   날 따라 해봐요, 이렇게!   날 따라 해봐요, 이렇게!   **꼬치**가 되었네!

♬ 날 따라 해봐요, 이렇게!
날 따라 해봐요, 동그라미! 사과 / 핫도그 / 앵두

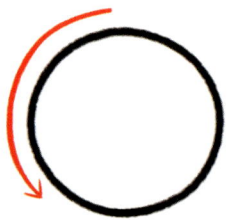  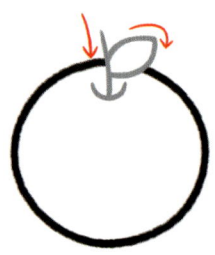 

날 따라 해봐요, 이렇게!   날 따라 해봐요, 이렇게!   날 따라 해봐요, 이렇게!   **사과**가 되었네!

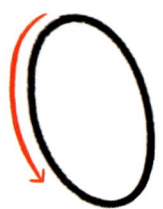 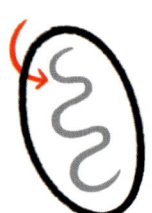  

날 따라 해봐요, 이렇게!   날 따라 해봐요, 이렇게!   날 따라 해봐요, 이렇게!   **핫도그**가 되었네!

날 따라 해봐요, 이렇게!   날 따라 해봐요, 이렇게!   날 따라 해봐요, 이렇게!   **앵두**가 되었네!

날 따라 해봐요, 이렇게! **태양**이 되었네!
날 따라 해봐요, 이렇게! **풍선**이 되었네!
날 따라 해봐요, 이렇게! **시계**가 되었네!
날 따라 해봐요, 이렇게! **도너츠**가 되었네!
날 따라 해봐요 이렇게! **토마토**가 되었네!

날 따라 해봐요 이렇게! **꼬치**가 되었네!
날 따라 해봐요 이렇게! **사과**가 되었네!
날 따라 해봐요 이렇게! **핫도그**가 되었네!
날 따라 해봐요 이렇게! **앵두**가 되었네!

02 날 따라 해봐요, 세모!

♬ 날 따라 해봐요, 이렇게!

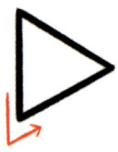
날 따라 해봐요, 이렇게!

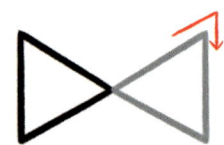
날 따라 해봐요, 이렇게!

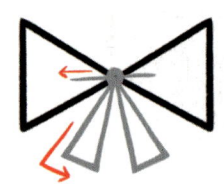
날 따라 해봐요, 이렇게!

리본이 되었네!

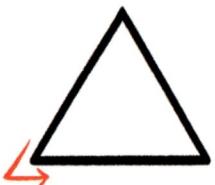
날 따라 해봐요, 이렇게!

날 따라 해봐요, 이렇게!

날 따라 해봐요, 이렇게!

종이비행기가 되었네!

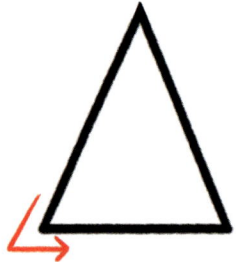
날 따라 해봐요, 이렇게!

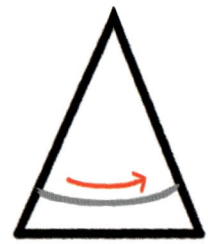
날 따라 해봐요, 이렇게!

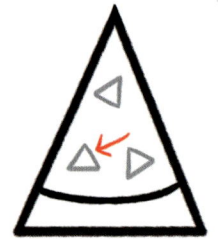
날 따라 해봐요, 이렇게!

피자 조각이 되었네!

리본 / 종이비행기 / 피자 조각 / 샌드위치 / 가랜드 / 물고기

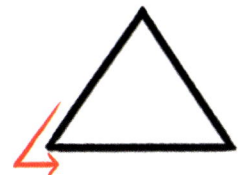  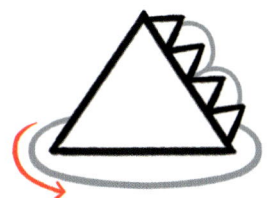 

날 따라 해봐요, 이렇게!   날 따라 해봐요, 이렇게!   날 따라 해봐요, 이렇게!   **샌드위치**가 되었네!

날 따라 해봐요, 이렇게!   날 따라 해봐요, 이렇게!   날 따라 해봐요, 이렇게!   **가랜드**가 되었네!

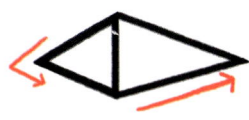 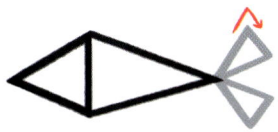 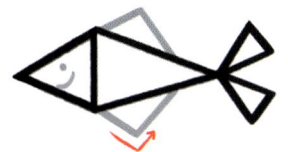 

날 따라 해봐요, 이렇게!   날 따라 해봐요, 이렇게!   날 따라 해봐요, 이렇게!   **물고기**가 되었네!

🎵 날 따라 해봐요, 이렇게!
날 따라 해봐요, 세모! 당근 / 옷걸이 / 인디언 텐트

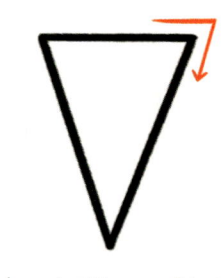
날 따라 해봐요, 이렇게!

날 따라 해봐요, 이렇게!

날 따라 해봐요, 이렇게!

당근이 되었네!

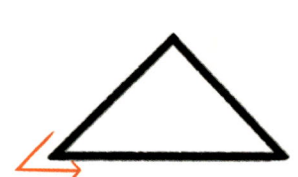
날 따라 해봐요, 이렇게!

날 따라 해봐요, 이렇게!

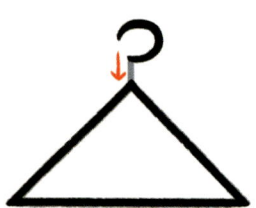
날 따라 해봐요, 이렇게!

옷걸이가 되었네!

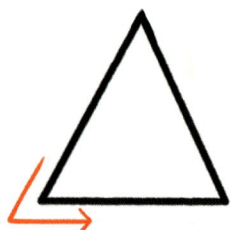
날 따라 해봐요, 이렇게!

날 따라 해봐요, 이렇게!

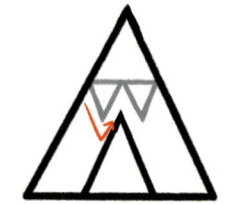
날 따라 해봐요, 이렇게!

인디언 텐트가 되었네!

18 노래로 그리는 손그림

날 따라 해봐요, 이렇게! **리본**이 되었네!
날 따라 해봐요, 이렇게! **종이비행기**가 되었네!
날 따라 해봐요, 이렇게! **피자 조각**이 되었네!
날 따라 해봐요, 이렇게! **샌드위치**가 되었네!
날 따라 해봐요, 이렇게! **가랜드**가 되었네!

날 따라 해봐요, 이렇게! **물고기**가 되었네!
날 따라 해봐요, 이렇게! **당근**이 되었네!
날 따라 해봐요, 이렇게! **옷걸이**가 되었네!
날 따라 해봐요, 이렇게! **인디언 텐트**가 되었네!

03 날 따라 해봐요, 네모!

♬ 날 따라 해봐요, 이렇게!

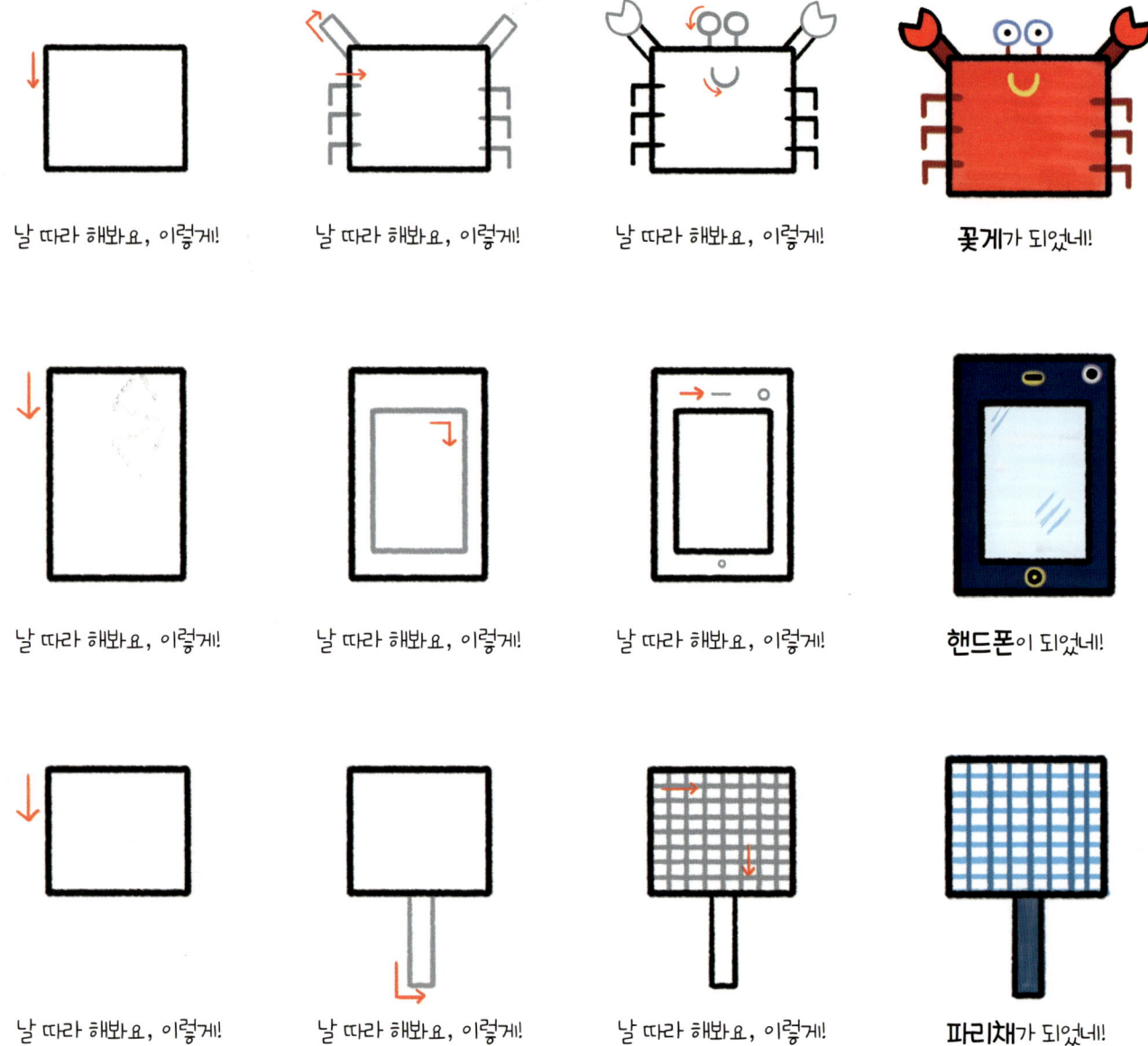

날 따라 해봐요, 이렇게! / 날 따라 해봐요, 이렇게! / 날 따라 해봐요, 이렇게! / **꽃게**가 되었네!

날 따라 해봐요, 이렇게! / 날 따라 해봐요, 이렇게! / 날 따라 해봐요, 이렇게! / **핸드폰**이 되었네!

날 따라 해봐요, 이렇게! / 날 따라 해봐요, 이렇게! / 날 따라 해봐요, 이렇게! / **파리채**가 되었네!

꽃게 / 핸드폰 / 파리채 / 편지 / 피아노 / 액자

날 따라 해봐요, 이렇게! 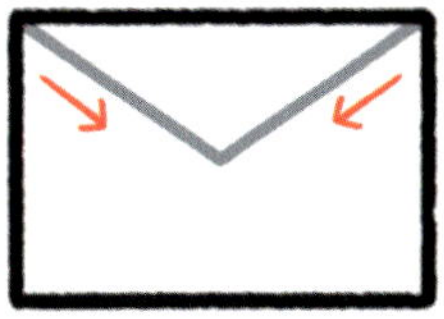 　 날 따라 해봐요, 이렇게!  　 날 따라 해봐요, 이렇게!  　 **편지**가 되었네!

날 따라 해봐요, 이렇게! 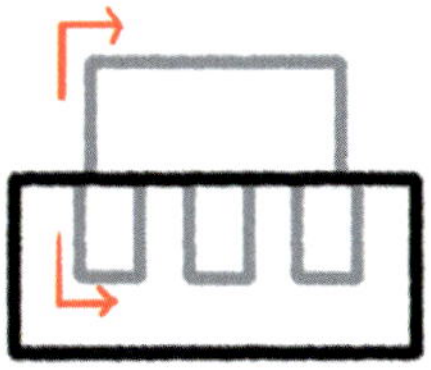 　 날 따라 해봐요, 이렇게! 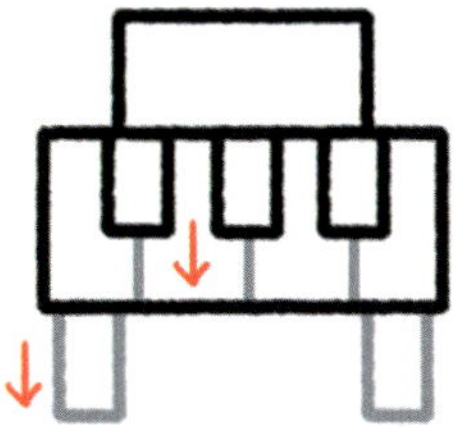 　 날 따라 해봐요, 이렇게!  　 **피아노**가 되었네!

날 따라 해봐요, 이렇게!  　 날 따라 해봐요, 이렇게! 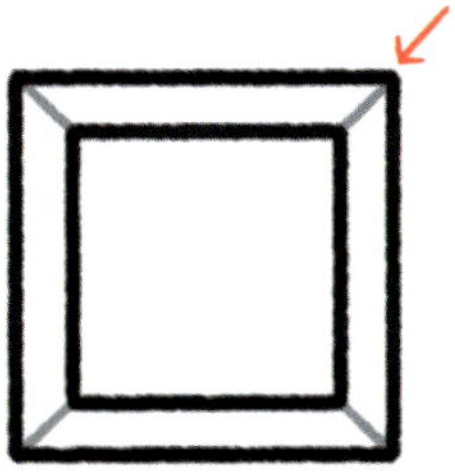 　 날 따라 해봐요, 이렇게!  　 **액자**가 되었네!

🎵 날 따라 해봐요, 이렇게!
날 따라 해봐요, 네모! 초콜릿 / TV / 가방

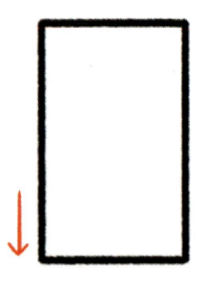
날 따라 해봐요, 이렇게!

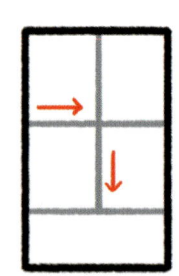
날 따라 해봐요, 이렇게!

날 따라 해봐요, 이렇게!

초콜릿이 되었네!

날 따라 해봐요, 이렇게!

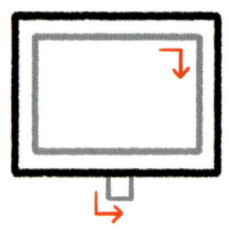
날 따라 해봐요, 이렇게!

날 따라 해봐요, 이렇게!

TV가 되었네!

날 따라 해봐요, 이렇게!

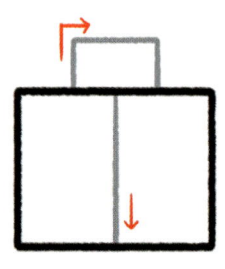
날 따라 해봐요, 이렇게!

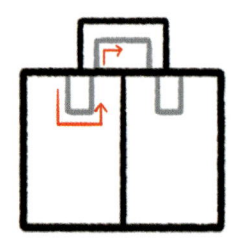
날 따라 해봐요, 이렇게!

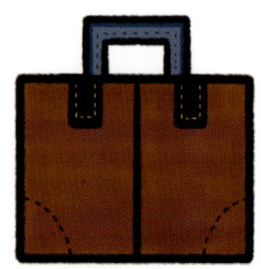
가방이 되었네!

날 따라 해봐요, 이렇게! **꽃게**가 되었네!
날 따라 해봐요, 이렇게! **핸드폰**이 되었네!
날 따라 해봐요, 이렇게! **파리채**가 되었네!
날 따라 해봐요, 이렇게! **편지**가 되었네!
날 따라 해봐요, 이렇게! **피아노**가 되었네!

날 따라 해봐요, 이렇게! **액자**가 되었네!
날 따라 해봐요, 이렇게! **초콜릿**이 되었네!
날 따라 해봐요, 이렇게! **TV**가 되었네!
날 따라 해봐요, 이렇게! **가방**이 되었네!

04 날 따라 해봐요, 모두 모두!

♬ 날 따라 해봐요, 이렇게!

날 따라 해봐요, 이렇게!

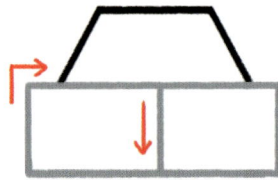
날 따라 해봐요, 이렇게!

날 따라 해봐요, 이렇게!

날 따라 해봐요, 이렇게!

날 따라 해봐요, 이렇게!

자동차가 되었네!

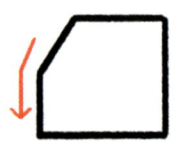
날 따라 해봐요, 이렇게!

날 따라 해봐요, 이렇게!

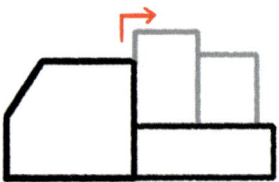
날 따라 해봐요, 이렇게!

날 따라 해봐요, 이렇게!

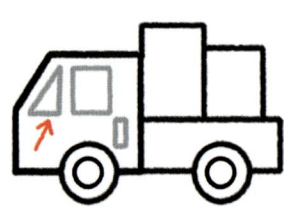
날 따라 해봐요, 이렇게!

트럭이 되었네!

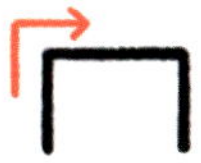

자동차 / 트럭 / 배 / 헬리콥터

날 따라 해봐요, 이렇게!

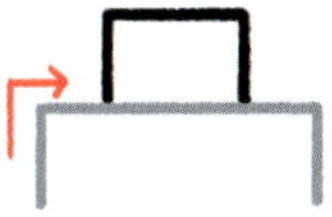

날 따라 해봐요, 이렇게!

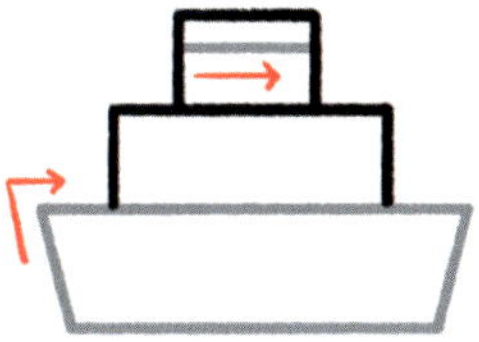

날 따라 해봐요, 이렇게!

날 따라 해봐요, 이렇게!

날 따라 해봐요, 이렇게!

배가 되었네!

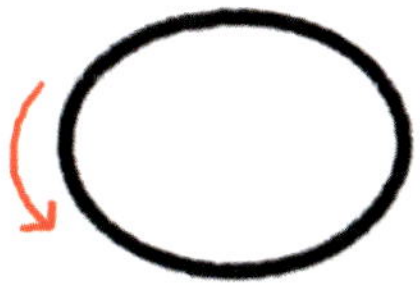

날 따라 해봐요, 이렇게!

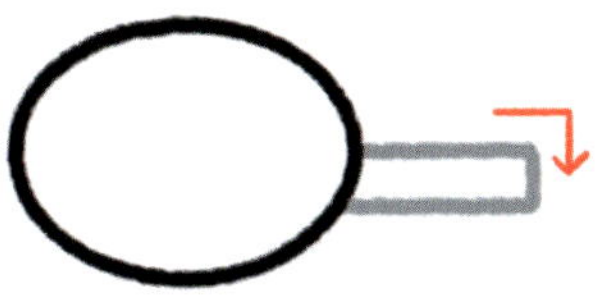

날 따라 해봐요, 이렇게!

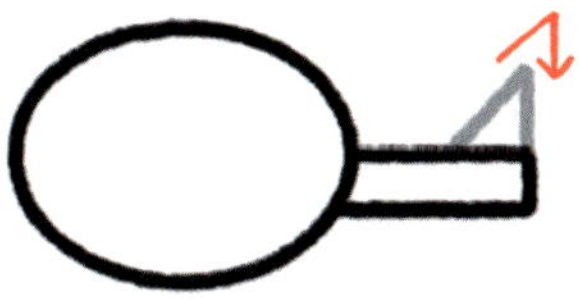

날 따라 해봐요, 이렇게!

날 따라 해봐요, 이렇게!

날 따라 해봐요, 이렇게!

헬리콥터가 되었네!

🎵 날 따라 해봐요, 이렇게!

날 따라 해봐요, 모두 모두! **비행기 / 로케트**

날 따라 해봐요, 이렇게!

날 따라 해봐요, 이렇게!

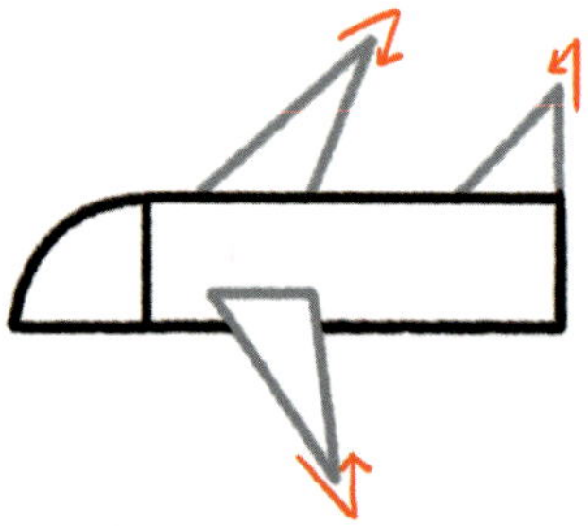

날 따라 해봐요, 이렇게!

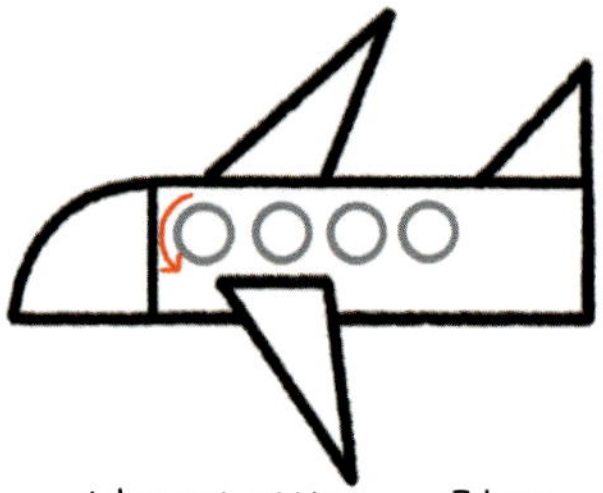

날 따라 해봐요, 이렇게!

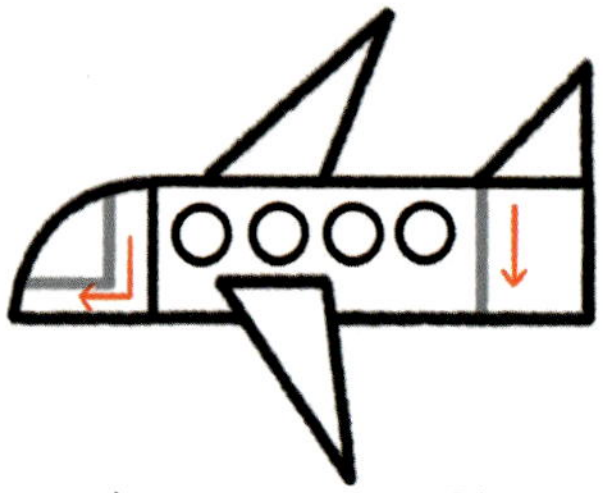

날 따라 해봐요, 이렇게!

비행기가 되었네!

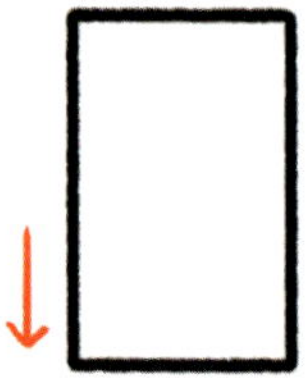

날 따라 해봐요, 이렇게!

날 따라 해봐요, 이렇게!

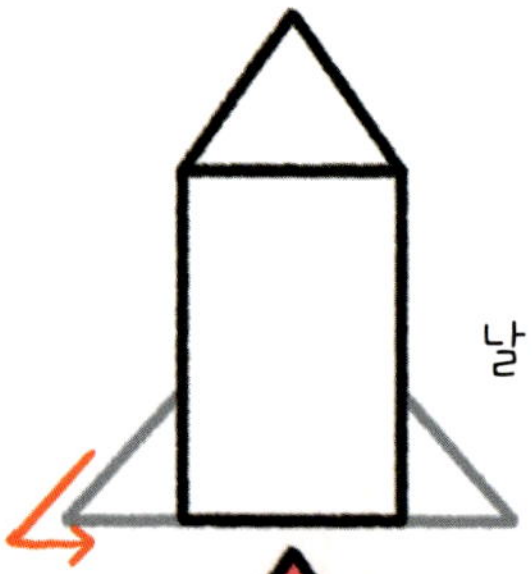

날 따라 해봐요, 이렇게!

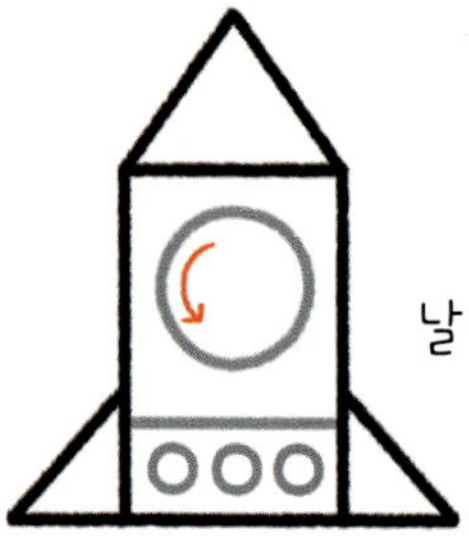

날 따라 해봐요, 이렇게!

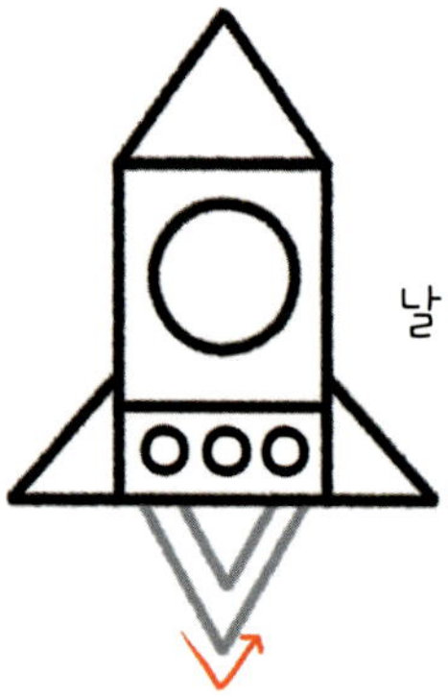

날 따라 해봐요, 이렇게!

로케트가 되었네!

날 따라 해봐요, 이렇게! **자동차**가 되었네!
날 따라 해봐요, 이렇게! **트럭**이 되었네!
날 따라 해봐요, 이렇게! **배**가 되었네!

날 따라 해봐요, 이렇게! **헬리콥터**가 되었네!
날 따라 해봐요, 이렇게! **비행기**가 되었네!
날 따라 해봐요, 이렇게! **로케트**가 되었네!

05 동그라미 쏭

♬ 하나부터 열까지!

 동그라미
 하나는
 알사탕!

 동그라미
 두 개는
 독거미!

 동그라미
 세 개는
 완두콩!

알사탕 / 독거미 / 완두콩 / 애벌레 / 올림픽 / 발바닥 / 관람차

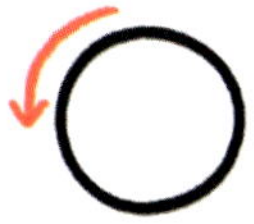

동그라미	네 개는	애벌레!	
동그라미	다섯 개는	올림픽!	
동그라미	여섯 개는	발바닥!	
동그라미	일곱 개는	관람차!	

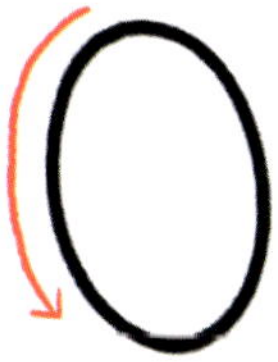

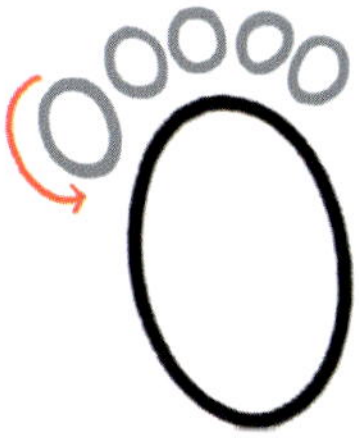

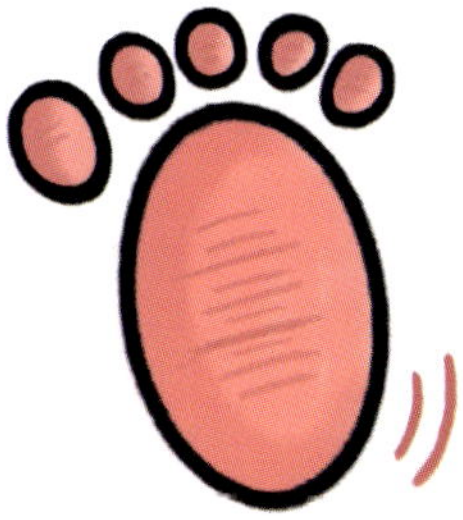

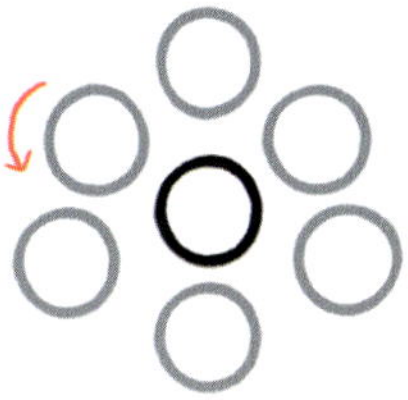

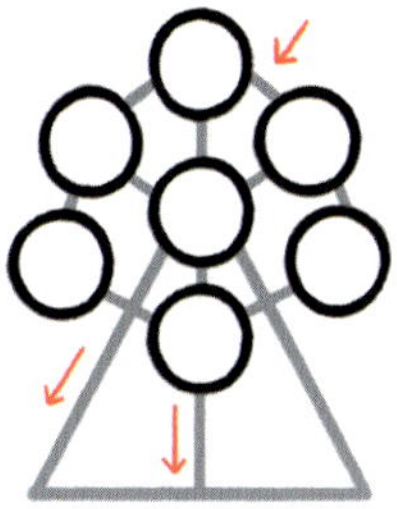

♬ 하나부터 열까지!
동그라미 쏭 인라인 / 진주 목걸이 / 포도송이

      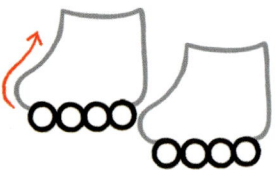   

동그라미　　　　　여덟 개는　　　　　인라인!

   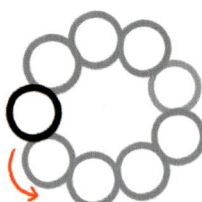   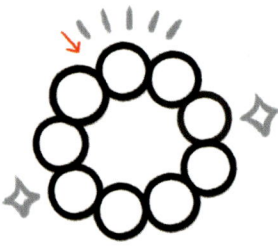   

동그라미　　　　　아홉 개는　　　　　진주 목걸이!

   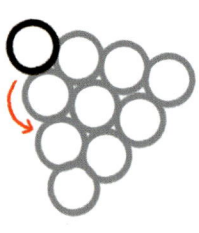      

동그라미　　　　　열 개는　　　　　포도송이!

30 노래로 그리는 손그림

동그라미 하나는 **알사탕**
동그라미 두 개는 **독거미**
동그라미 세 개는 **완두콩**

동그라미 네 개는 **애벌레**
동그라미 다섯 개는 **올림픽**
동그라미 여섯 개는 **발바닥**

동그라미 일곱 개는 **관람차**
동그라미 여덟 개는 **인라인**
동그라미 아홉 개는 **진주 목걸이**
동그라미 열 개는 **포도송이**

06 세모 쏭

♪ 하나부터 열까지!

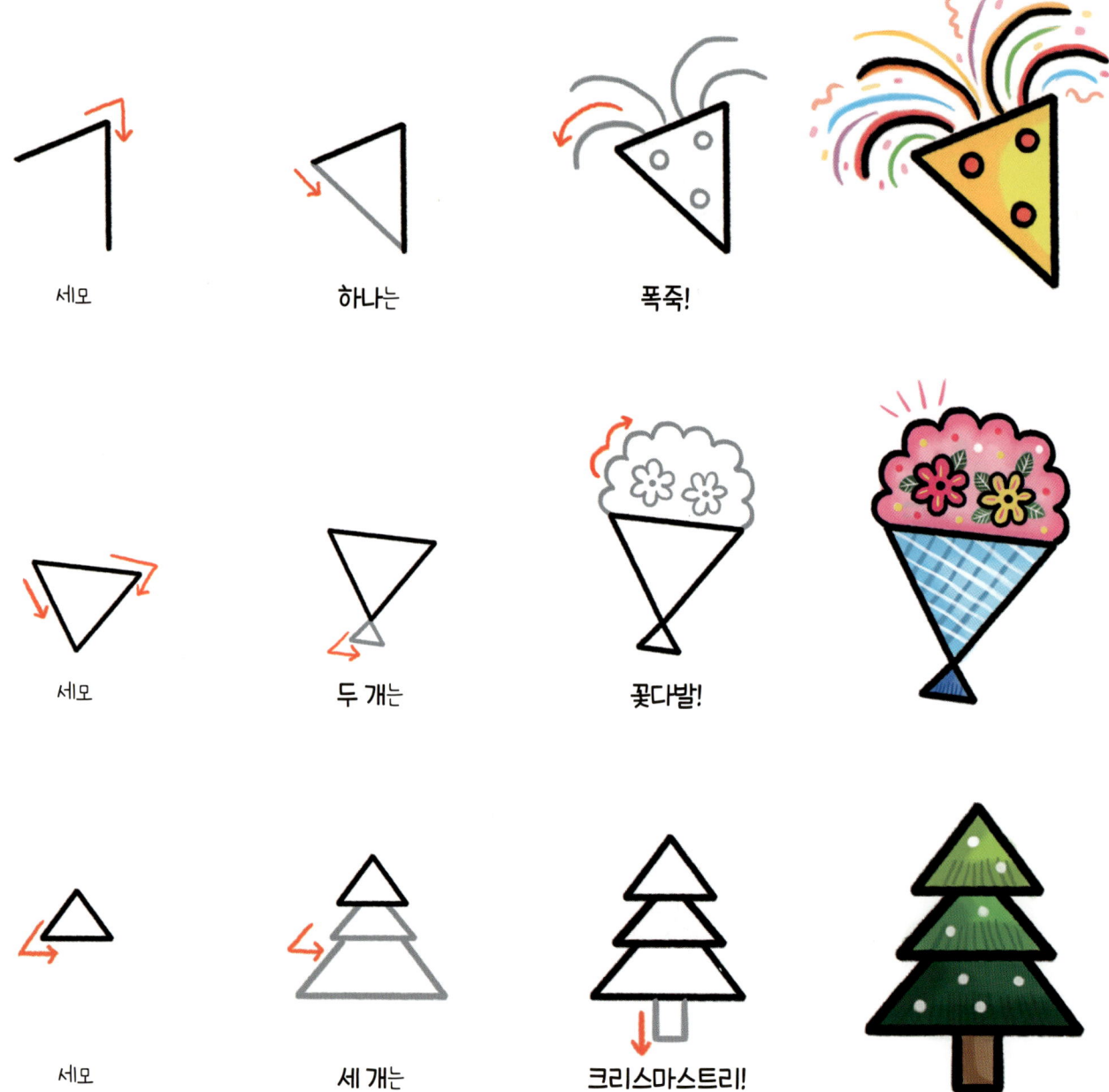

세모 / 하나는 / 폭죽!

세모 / 두 개는 / 꽃다발!

세모 / 세 개는 / 크리스마스트리!

폭죽 / 꽃다발 / 크리스마스트리 / 딸기 / 풍차 / 별 / 꽃 한 송이

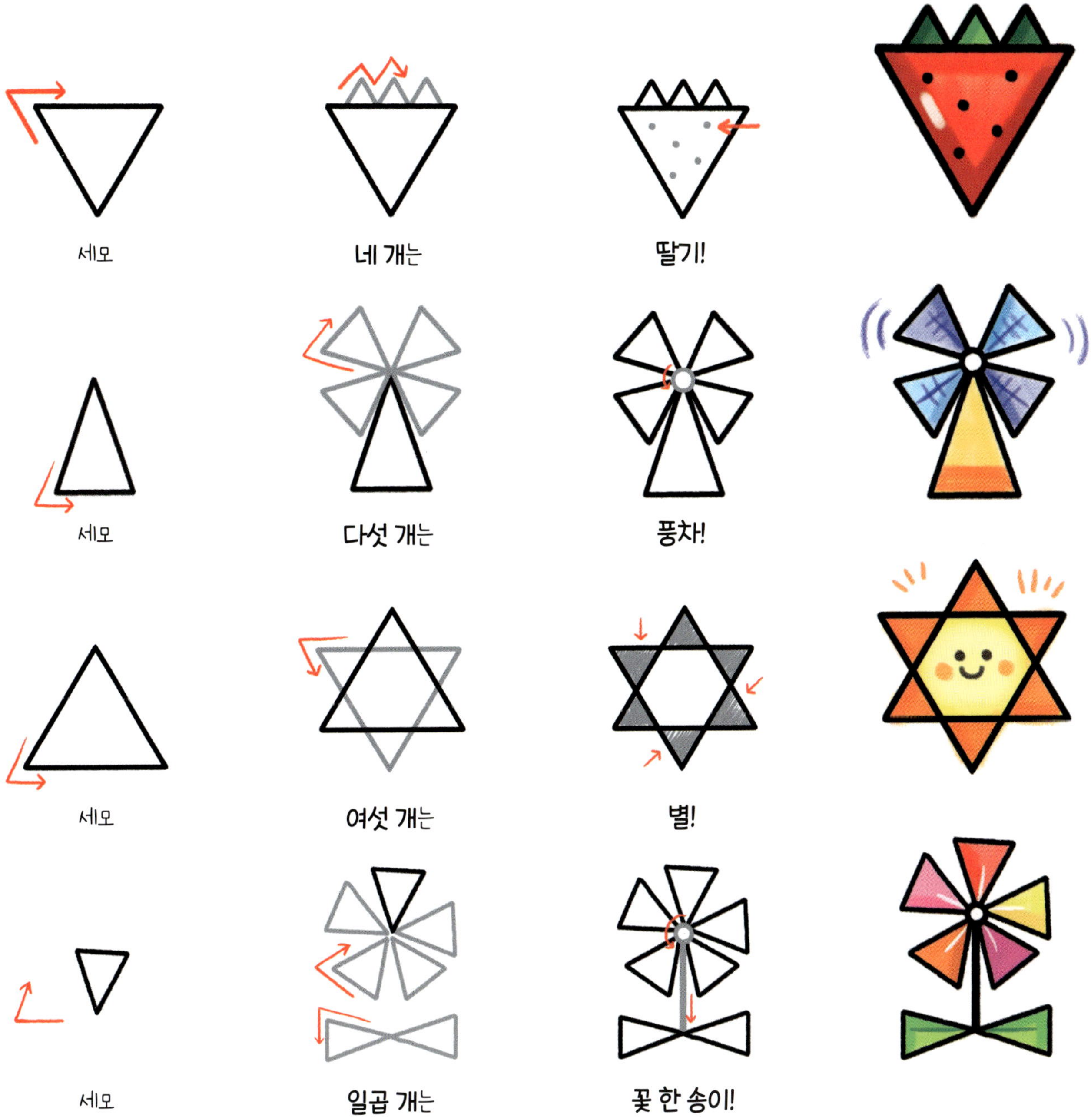

세모	네 개는	딸기!	
세모	다섯 개는	풍차!	
세모	여섯 개는	별!	
세모	일곱 개는	꽃 한 송이!	

재잘재잘, 이야기 손그림

🎵 하나부터 열까지!
세모 쏭 악어 이빨 / 도깨비방망이 / 다이아 반지

세모　　　　여덟 개는　　　악어 이빨!

　　　　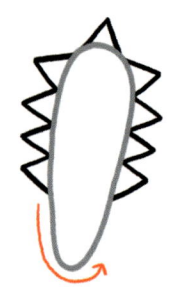　　

세모　　　　아홉 개는　　　도깨비방망이!

　　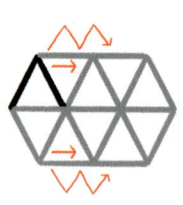　　　　

세모　　　　열 개는　　　다이아 반지!

세모 하나는 폭죽!
세모 두 개는 꽃다발!
세모 세 개는 **크리스마스트리**!

세모 네 개는 **딸기**!
세모 다섯 개는 풍차!
세모 여섯 개는 별!

세모 일곱 개는 꽃 한 송이!
세모 여덟 개는 **악어 이빨**!
세모 아홉 개는 **도깨비방망이**!
세모 열 개는 다이아 반지!

07 🎵 하나부터 열까지! 네모 쏭

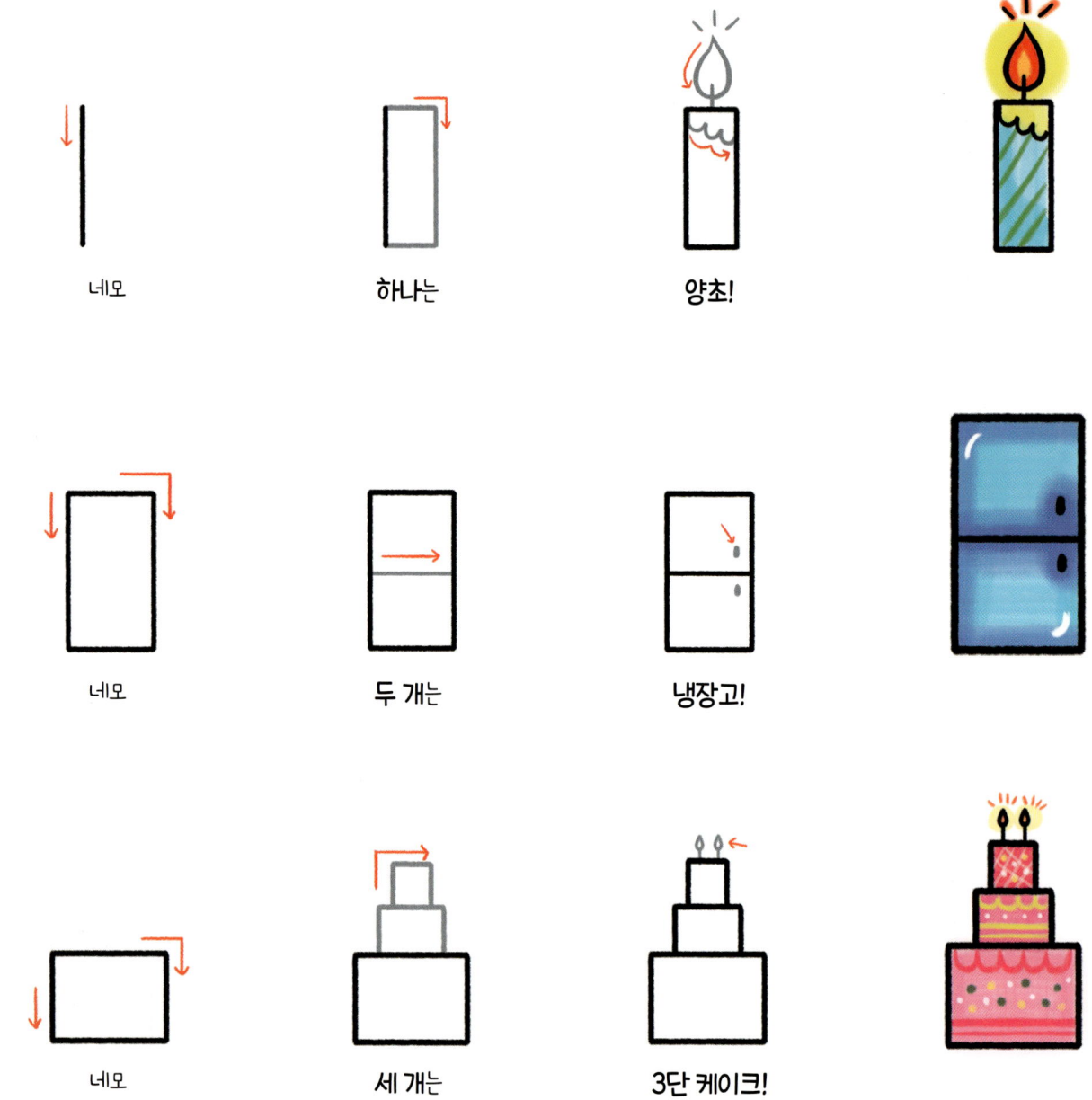

네모 　 하나는 　 양초!

네모 　 두 개는 　 냉장고!

네모 　 세 개는 　 3단 케이크!

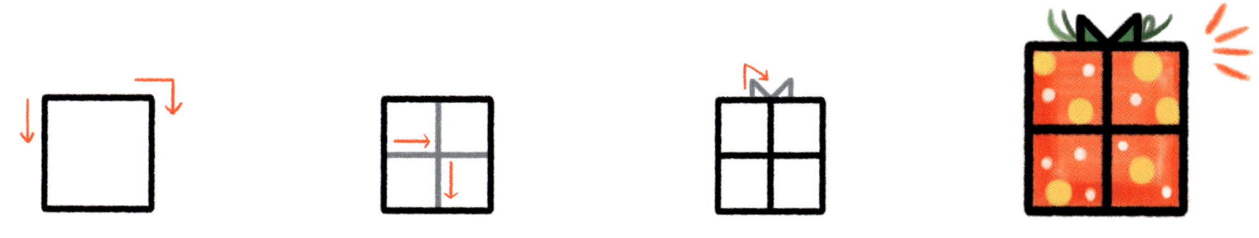

양초 / 냉장고 / 3단 케이크 / 선물상자 / 하마 입 / 카메라 / 빌딩

네모 / 네 개는 / 선물상자!

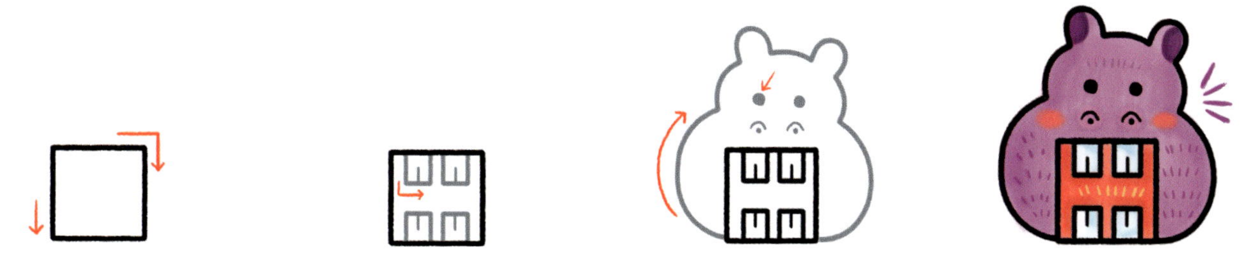

네모 / 다섯 개는 / 하마 입!

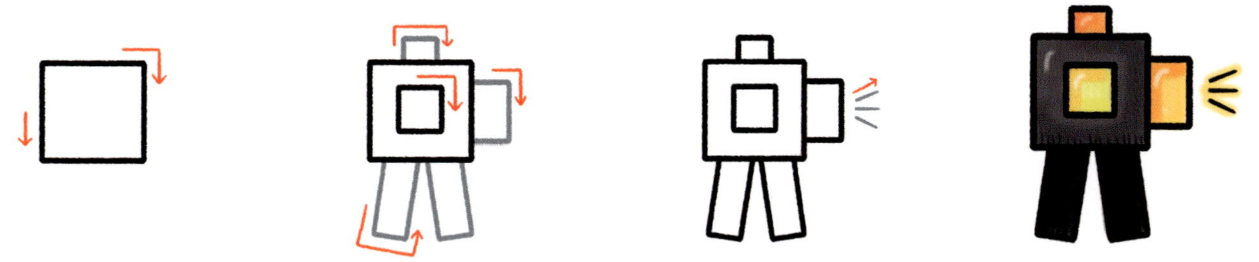

네모 / 여섯 개는 / 카메라!

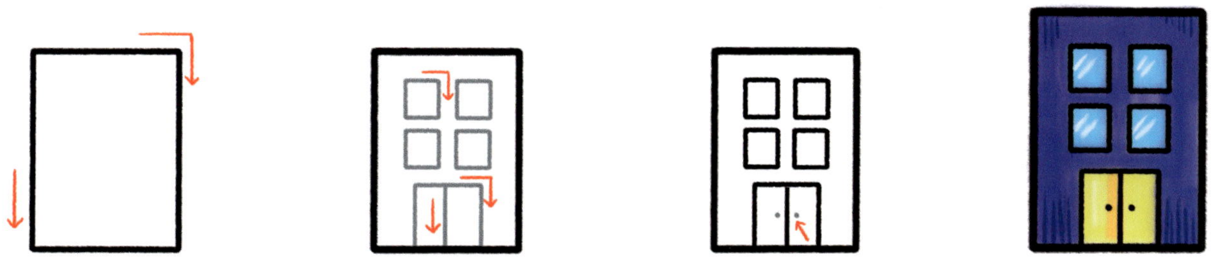

네모 / 일곱 개는 / 빌딩!

🎵 하나부터 열까지!
네모 쏭 실로폰 / 쇼핑카트 / 기차

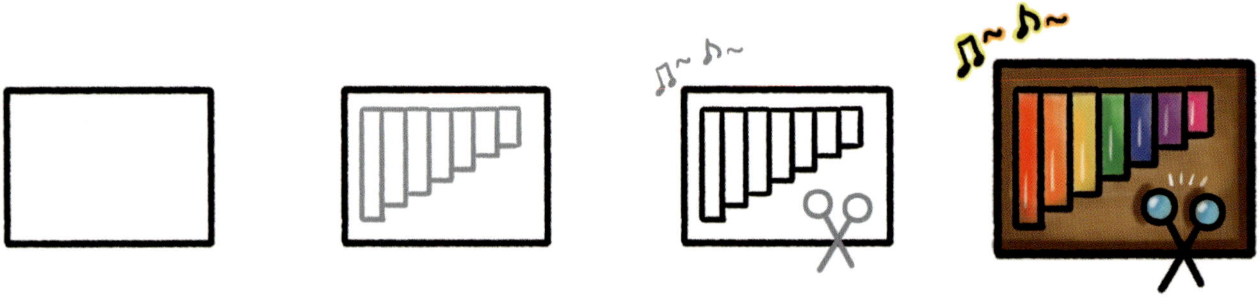

| 네모 | 여덟 개는 | 실로폰! |

네모 / 아홉 개는 / 쇼핑카트!

네모 / 열 개는 / 기차!

네모 하나는 **양초**!
네모 두 개는 **냉장고**!
네모 세 개는 **3단 케이크**!

네모 네 개는 **선물상자**!
네모 다섯 개는 **하마 입**!
네모 여섯 개는 **카메라**!

네모 일곱 개는 **빌딩**!
네모 여덟 개는 **실로폰**!
네모 아홉 개는 **쇼핑카트**!

네모 열 개는 **기차**!

08 악어 떼

🎵 노래 부르면 그림이 나와요!

정글 숲을 지나서 가자.

엉금엉금 기어서 가자.

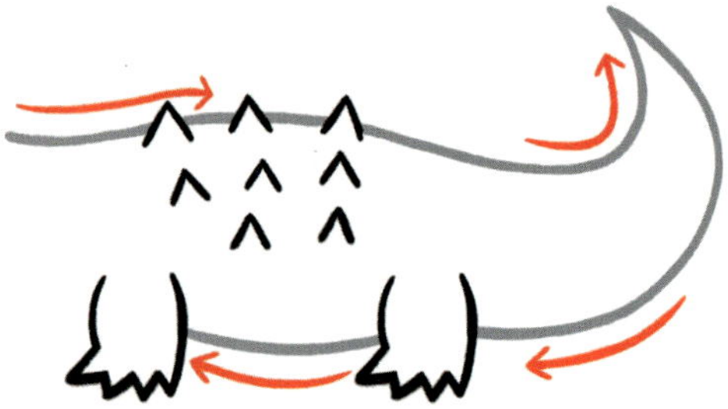

늪지대가

나타나면은

악어 떼가 나온다.

악어 떼!

40 노래로 그리는 손그림

축구공 / 볼링공 / 야구공 / 골프공 / 테니스공 / 농구공

띵동! 작은 원 그리면 **골프공**이 되지요. **나이스 샷!**

띵동! 물결 그리면 **테니스공**이 되지요. **나이스 서브!**

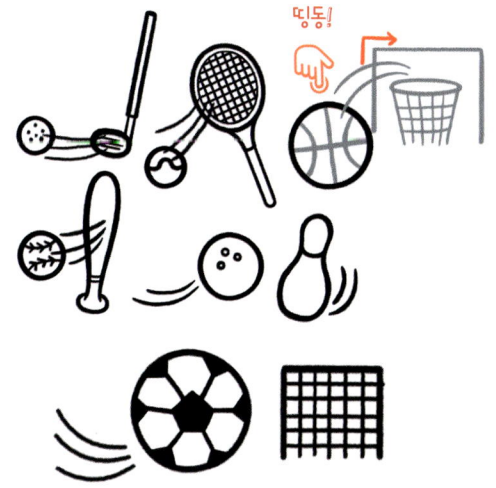

띵동! 선 네 개 그리면 **농구공**이 되지요. **덩크 슛!**

띵! 띵! 띵! 띵! 띵! 띵!

띵동!
오각형 그리면 **축구공**이 되지요.
슛~골!

띵동!
구멍 세 개 그리면 **볼링공**이 되지요.
스트~라이크!

띵동!
화살표 그리면 **야구공**이 되지요.
깡~! 홈런!

정글 숲을 지나서 가자.
엉금엉금 기어서 가자.
늪지대가 나타나면은
악어 떼가 나온다. 악어 떼!

09 감자에 싹이 나서

♬ 노래 부르면 그림이 나와요!

양파에 / 싹이 나서 / 잎이 나서 / 하나! 둘! 셋! / 달팽이!

감자에 / 싹이 나서 / 잎이 나서 / 하나! 둘! 셋! / 사자!

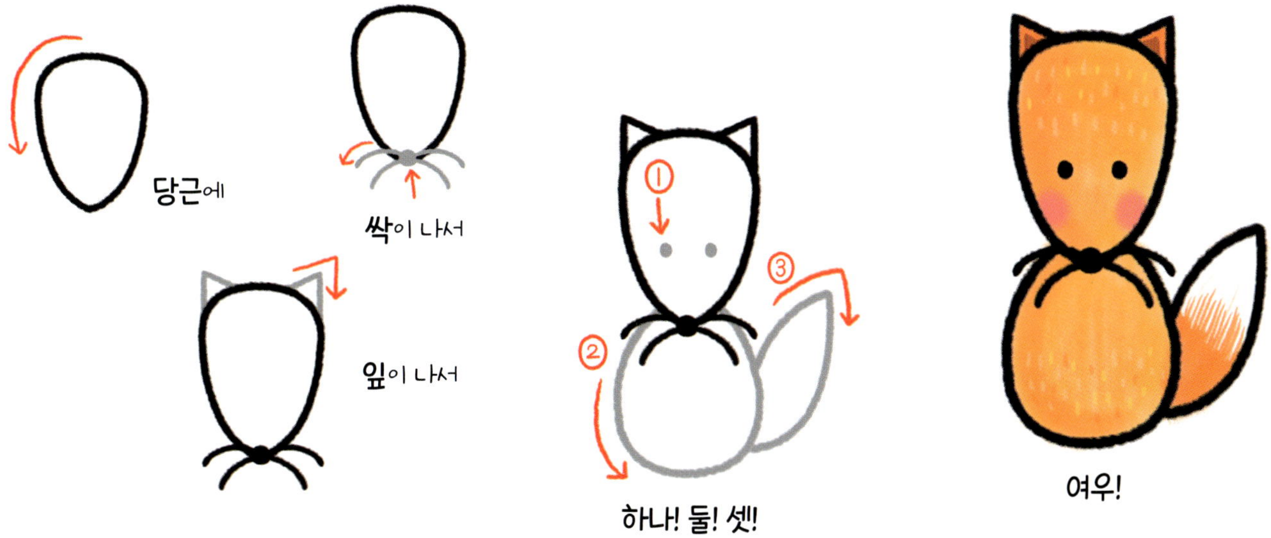

달팽이 / 사자 / 여우 / 두더지

당근에 싹이 나서 잎이 나서 하나! 둘! 셋! 여우!

고구마에 싹이 나서 잎이 나서 하나! 둘! 셋! 두더지!

♬ 노래 부르면 그림이 나와요!
감자에 싹이 나서 암탉 / 딱따구리

무에 싹이 나서 잎이 나서 하나! 둘! 셋 암탉!

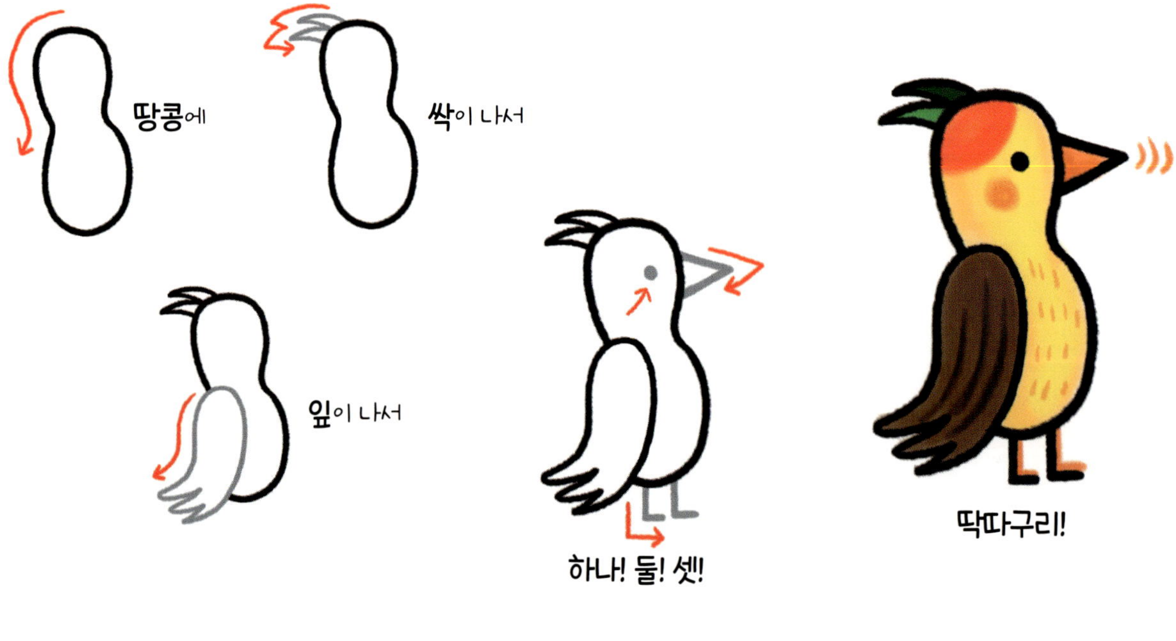

땅콩에 싹이 나서 잎이 나서 하나! 둘! 셋! 딱따구리!

띵동!
작은 원 그리면 **골프공**이 되지요.
나이스 샷!

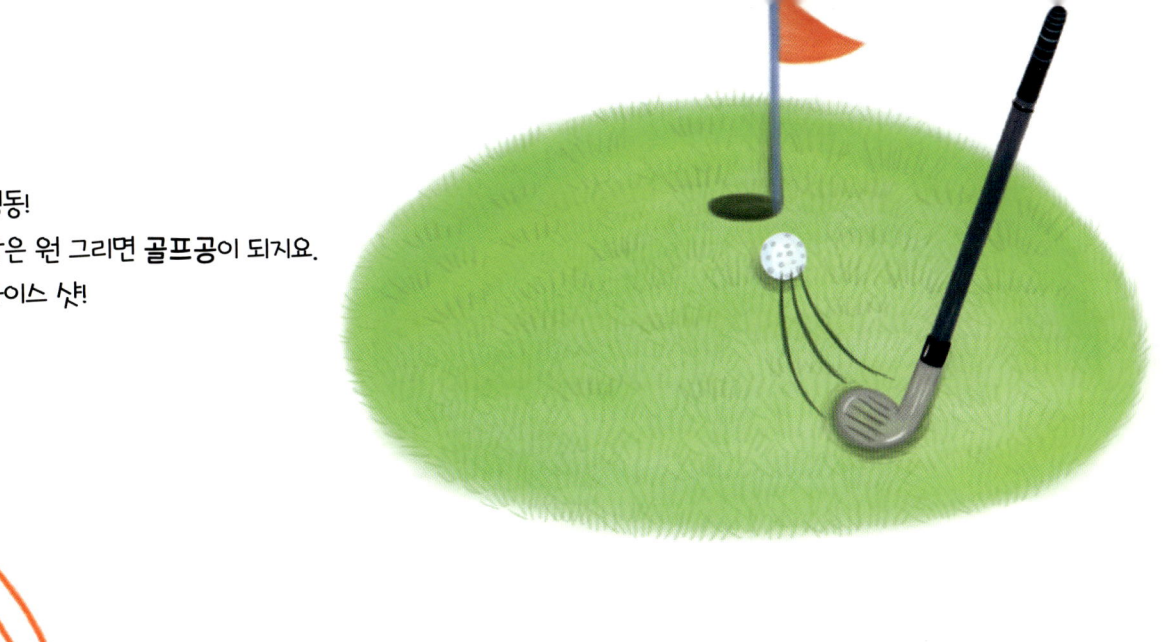

띵동!
물결 그리면 **테니스공**이 되지요.
나이스 서브!

띵동!
선 네 개 그리면 **농구공**이 되지요.
덩크 슛!

11 찾았다! 바닷속은 보물섬

♬ 콕! 찍으면 그림이 나와요!

 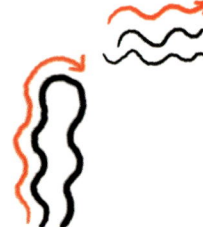

바닷속은 보물섬.
곳곳에 보물들이 숨어 있지.

  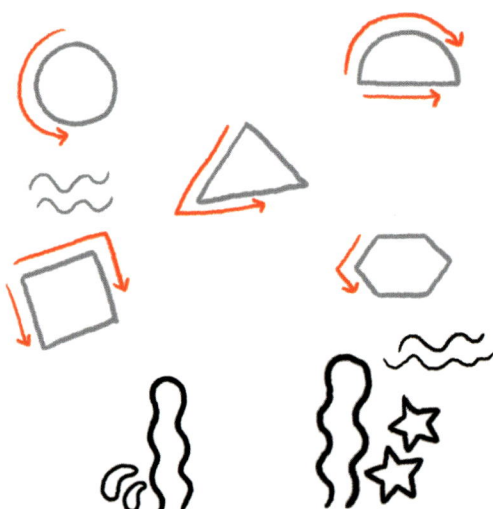

바닷속은 보물섬.
곳곳에 **보물**들이 숨어 있지.

바닷속은 보물섬.
지금부터 **보물찾기** 시작해!

문어 / 오징어

동그란 보석은 　　　　문어.

먹물을 내뿜는 　　　　문어.

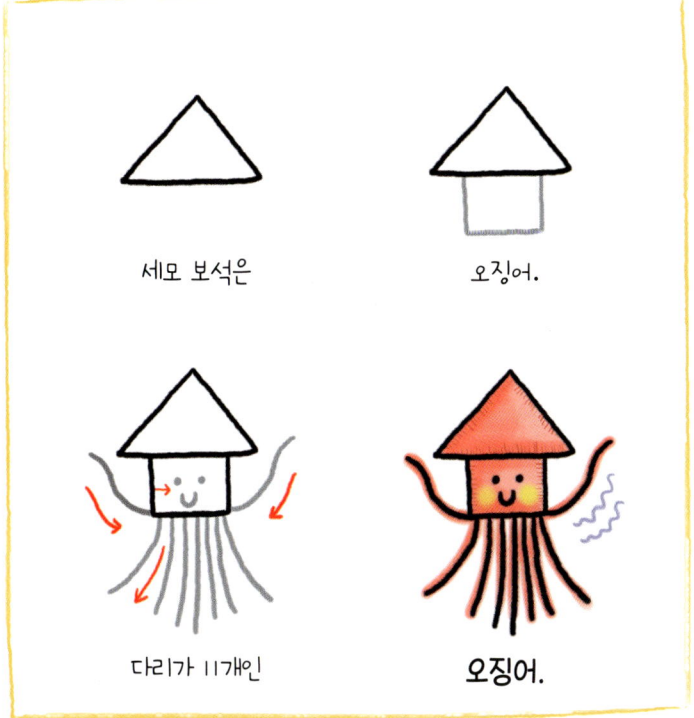

세모 보석은 　　　　오징어.

다리가 11개인 　　　　오징어.

♪ 콕 찍으면 그림이 나와요!
찾았다! 바닷속은 보물섬

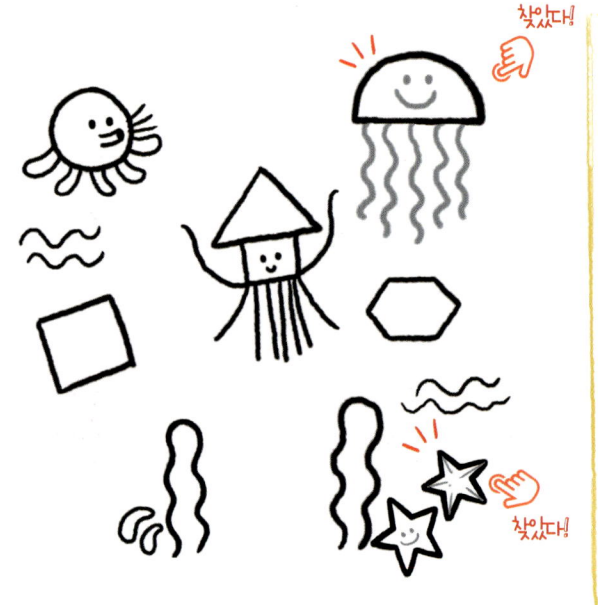

반달 보석은　　　해파리.

바다의 우주선　　**해파리.**

별 보석은 불가사리.　움직이는 별 **불가사리.**

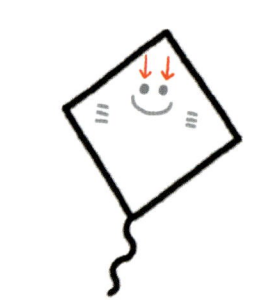 

네모 보석은 가오리.　눈코입이 바닥에 있는 **가오리.**

해파리 / 불가사리 / 가오리 / 바다거북이 / 새우

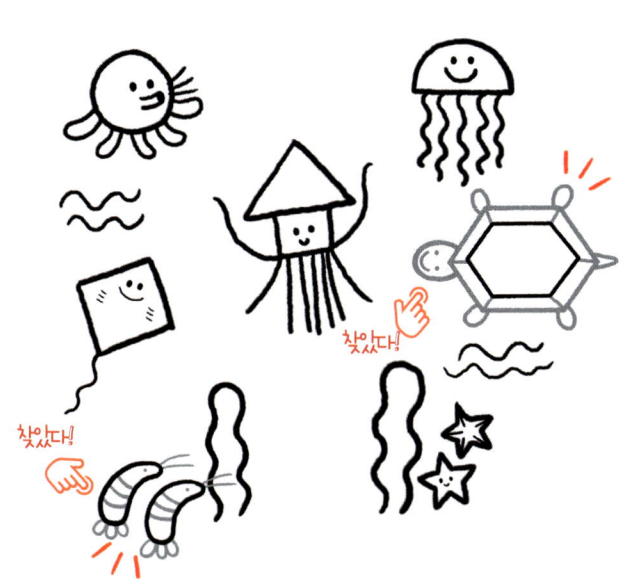

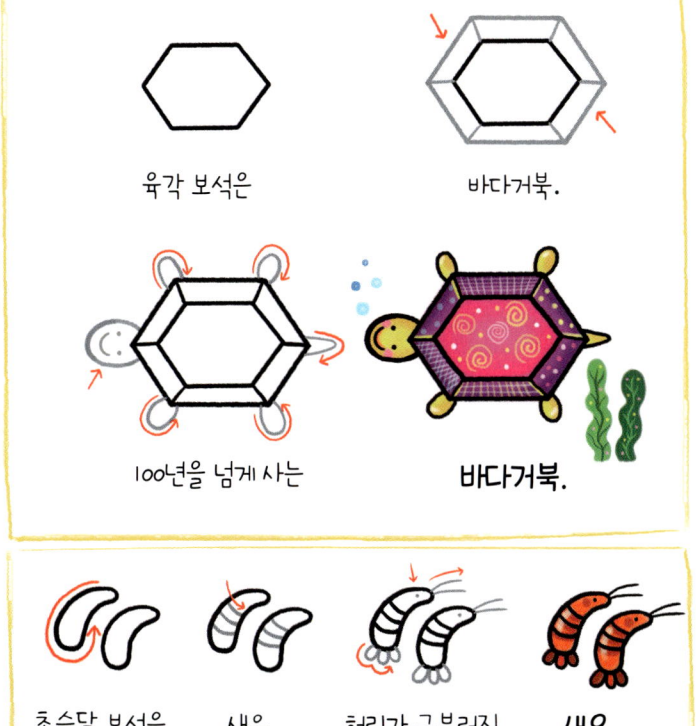

육각 보석은   바다거북.

100년을 넘게 사는   **바다거북.**

초승달 보석은   새우.   허리가 구부러진   **새우.**

바닷속은 보물섬. 곳곳에 보물들이 숨어 있지.

바닷속은 보물섬. 곳곳에 보물들이 숨어 있지.
바닷속은 보물섬. 곳곳에 보물들이 숨어 있지.
바닷속은 보물섬. 지금부터 보물찾기 시작해.
찾았다! 동그란 보석은 문어. 먹물을 내뿜는 **문어**.
찾았다! 세모 보석은 오징어. 다리가 11개인 **오징어**.
찾았다! 반달 보석은 해파리. 바다에 우주선 **해파리**.
찾았다! 별 보석은 불가사리. 움직이는 별 **불가사리**.
찾았다! 네모 보석은 가오리. 눈코입이 바닥에 있는 **가오리**.
찾았다! 육각 보석은 바다거북. 100년을 넘게 사는 **바다거북**.
찾았다! 초승달 보석은 새우. 허리가 구부러진 **새우**.
바닷속은 보물섬. 곳곳에 보물들이 숨어 있지.

2. 수수께끼로 그리는 손그림

이 동글동글 무엇일까요?
무엇일까요?

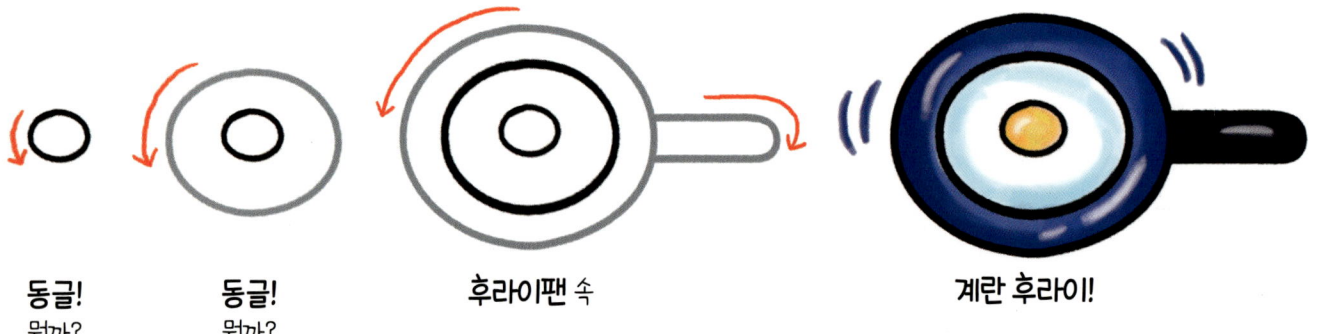

| 동글!
뭘까? | 동글!
뭘까? | 후라이팬 속 | | 계란 후라이! |

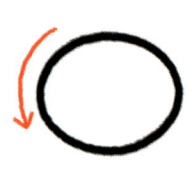 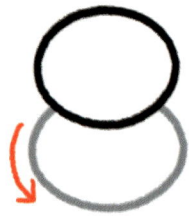   

| 동글!
뭘까? | 동글!
뭘까? | 동글!
뭘까? | 꽥꽥 | 오리! |

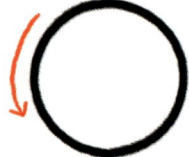 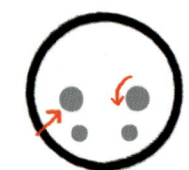   

| 동글!
뭘까? | 동글! 동글! 동글! 동글!
뭘까? | 동글! 동글!
뭘까? | 귀여운 | 무당벌레! |

계란 후라이 / 오리 / 무당벌레 / 잠자리 / 개구리

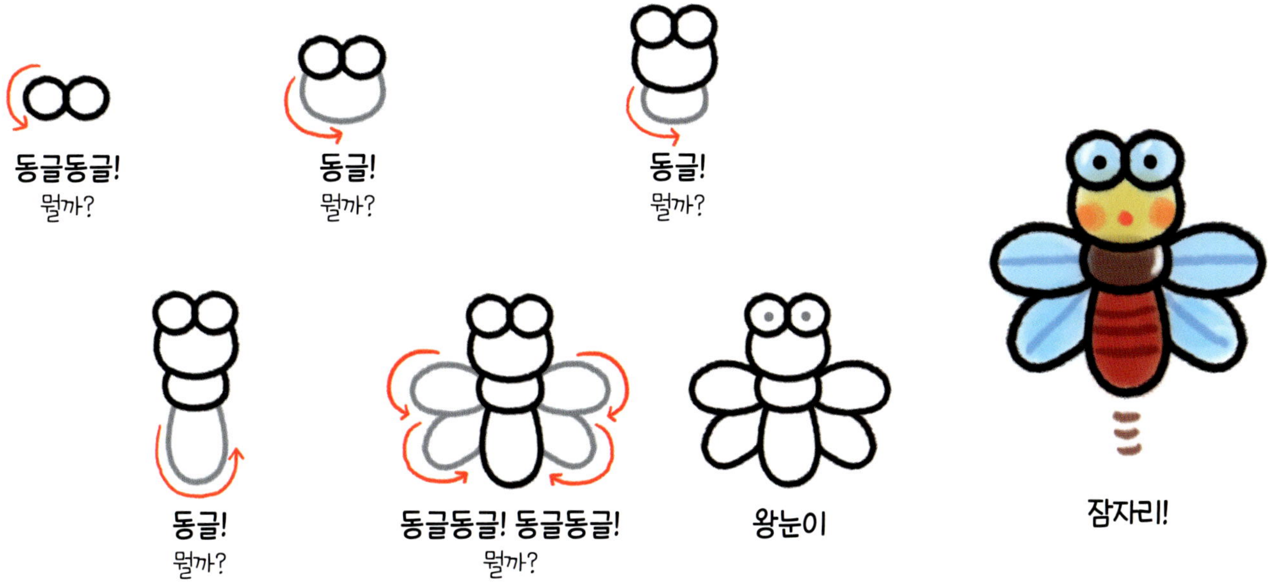

동글동글!
뭘까?

동글!
뭘까?

동글!
뭘까?

동글!
뭘까?

동글동글! 동글동글!
뭘까?

왕눈이

잠자리!

동글동글!
뭘까?

동글!
뭘까?

동글!
뭘까?

동글! 동글! 동글!
뭘까?

개굴개굴

개구리!

무엇일까요?
동글동글 무엇일까요?

동글! 뭘까?

동글! 동글! 뭘까?

동글! 동글! 뭘까?

동글! 동글! 뭘까?

동—글! 뭘까?

동그르르르! 뭘까?

끽끽 끽끽

원숭이!

원숭이 / 곰

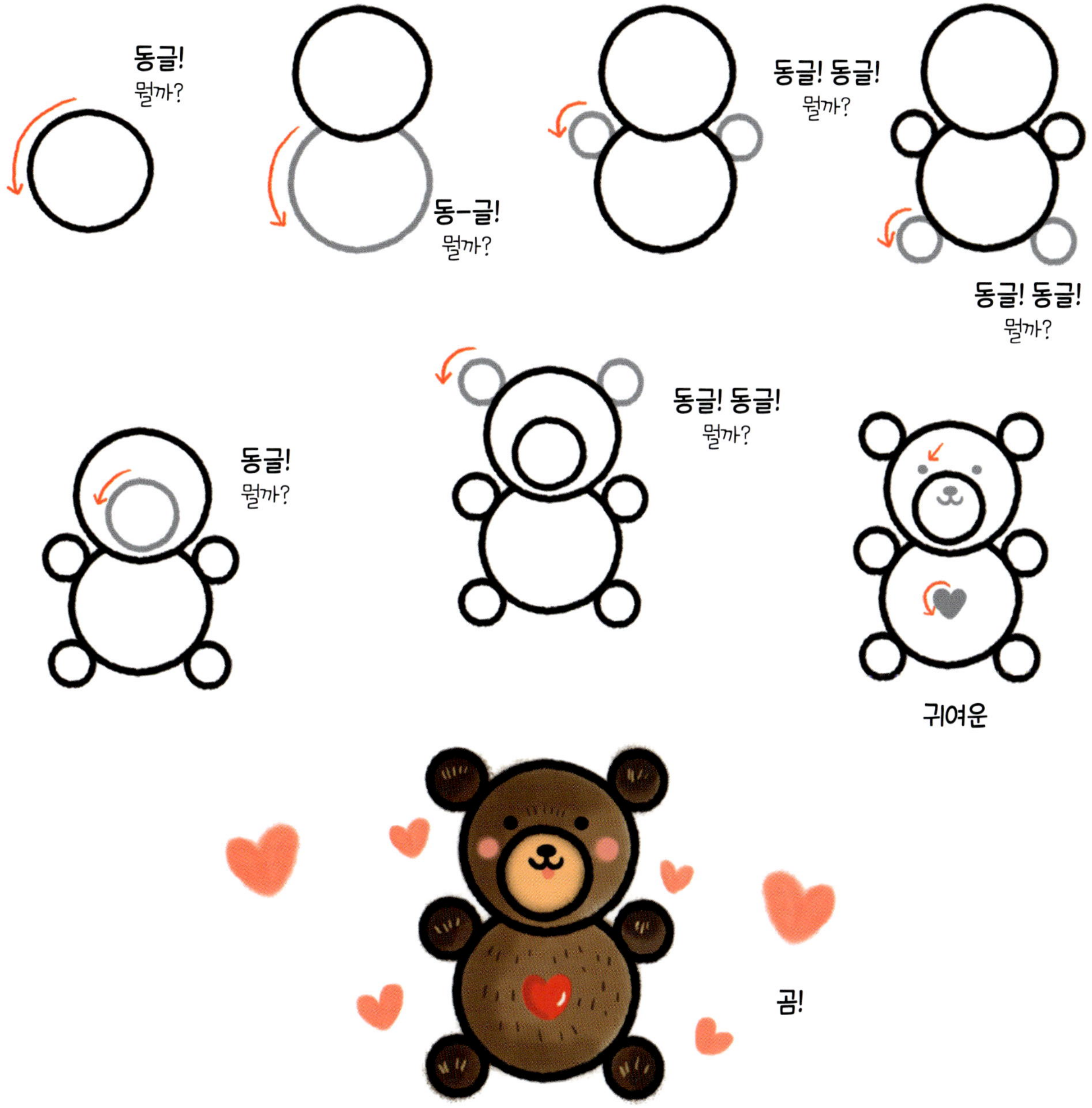

동글! 멀까?

동-글! 멀까?

동글! 동글! 멀까?

동글! 동글! 멀까?

동글! 멀까?

동글! 동글! 멀까?

귀여운

곰!

무엇일까요?
동글동글 무엇일까요? 잠수함

동글!
뭘까?

동글동글!
뭘까?

동글! 동글!
뭘까?

동글!
뭘까?

동글동글동글동글!
뭘까?

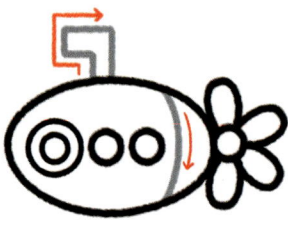
바닷속

잠수함!

02 무엇일까요? 빙글빙글 무엇일까요?

빙글빙글빙글!
뭘까?

바로바로

달콤한

막대사탕!

빙글빙글빙글빙글
뭘까?

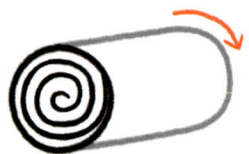
바로바로

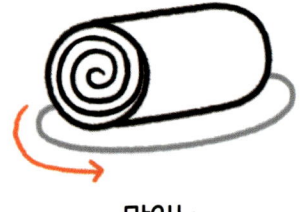
맛있는

롤케이크!

막대사탕 / 롤케이크 / 나이테 / 팽이

빙글! 빙글! 빙글! 빙글!
뭘까?

바로바로

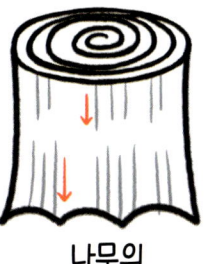
나무의

나이테!

빙글빙글! 빙글빙글!
뭘까?

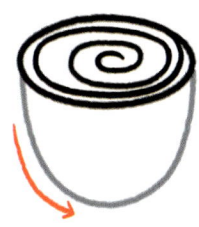
바로바로

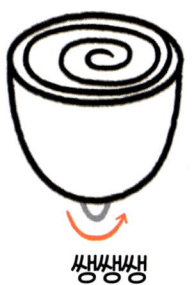
쌩쌩쌩

팽이!

무엇일까요?
빙글빙글 무엇일까요? 안경 / 나비

빙그르르!
뭘까?

빙그르르!
뭘까?

어질어질 어질어질

돋보기 안경!

빙그르르르!
뭘까?

빙그르르르!
뭘까?

빙그르르르! 빙그르르르!
뭘까?

빙그르르! 빙그르르!

팔랑팔랑 나비!

03 쭉쭉쭉쭉 무엇일까요?

무엇일까요?

쭉쭉쭉쭉!
뭘까?

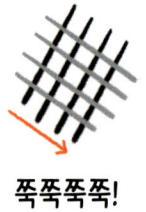
쭉쭉쭉쭉!
뭘까?

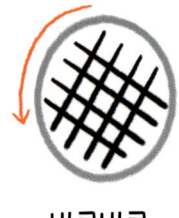
바로바로

달콤한

파인애플!

소나기 / 파인애플 / 옥수수 / 잠자리채

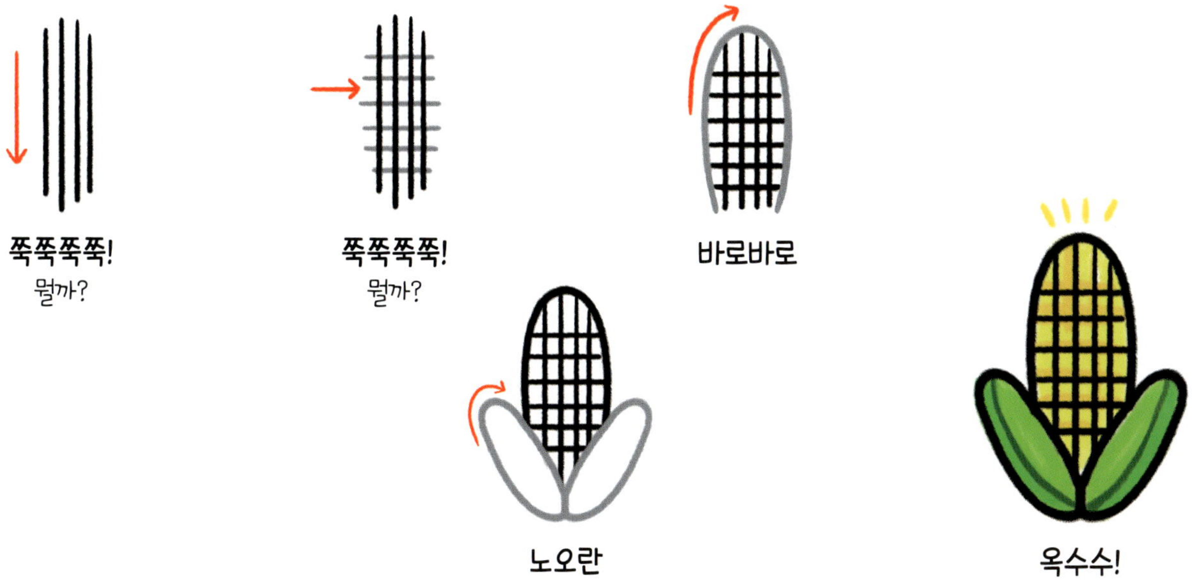

쭉쭉쭉쭉!
뭘까?

쭉쭉쭉쭉!
뭘까?

바로바로

노오란

옥수수!

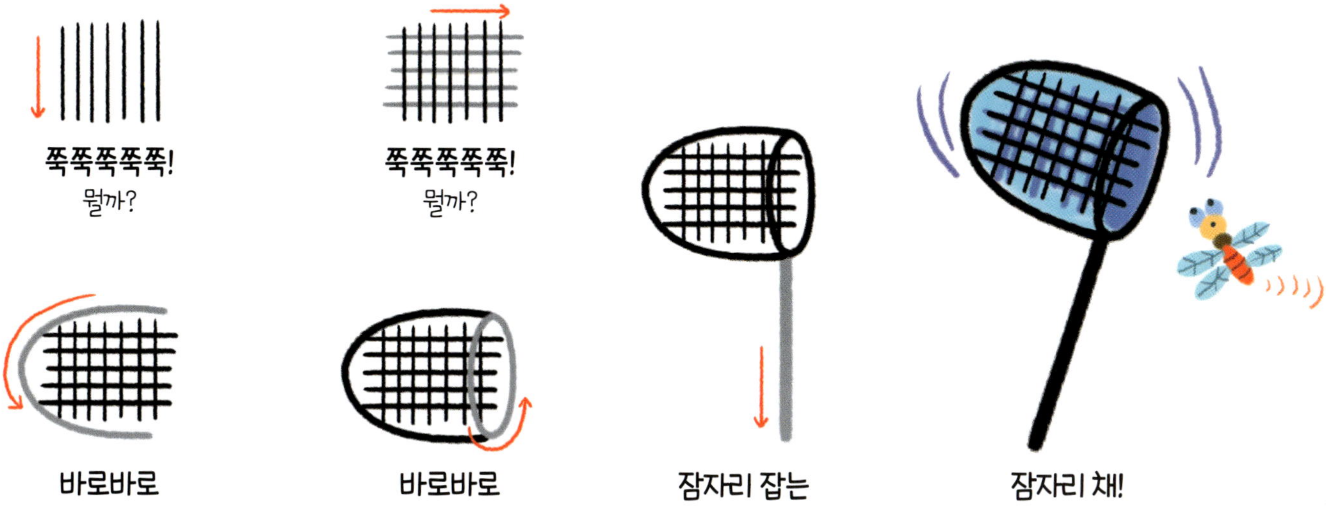

쭉쭉쭉쭉쭉!
뭘까?

쭉쭉쭉쭉쭉!
뭘까?

바로바로

바로바로

잠자리 잡는

잠자리 채!

무엇일까요?
쭉쭉쭉쭉 무엇일까요? 해바라기 / 무지개

쭉! 쭉! 쭉쭉!
뭘까?

쭉! 쭉! 쭉쭉!
뭘까?

바로바로

활짝 핀

해바라기!

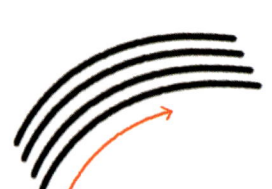
쭈욱! 쭈욱! 쭈욱! 쭈욱!
뭘까?

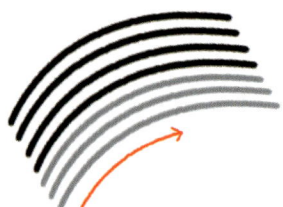
쭈욱! 쭈욱! 쭉!
뭘까?

바로바로

바로바로

일곱빛깔 무지개!

잠자리 잡는 잠자리 채!

활짝 핀 해바라기!

노오란 옥수수!

쭉쭉쭉쭉! 뭘까?

쭈욱쭈욱쭈욱! 뭘까?

쭉쭉! 뭘까?   쭈욱! 쭈욱! 쭉! 뭘까?

일곱빛깔 무지개!

달콤한 파인애플!

구름에서 쏟아지는 소나기!

04 올록볼록 무엇일까요?

무엇일까요?

올록볼록!
뭘까?

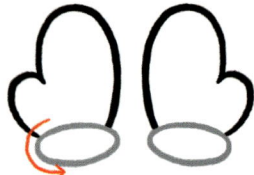

바로바로

올록볼록!
뭘까?

따뜻한

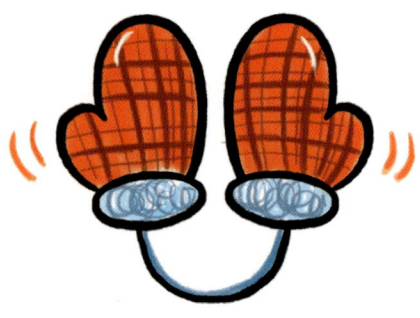

벙어리 장갑!

올록볼록올록볼록!
뭘까?

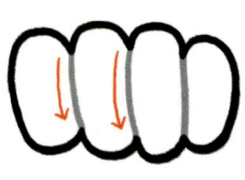

바로바로

올록볼록올록볼록!
뭘까?

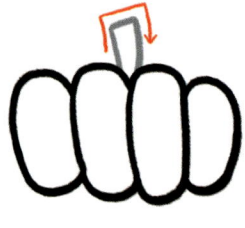

울퉁불퉁

호박!

벙어리 장갑 / 호박 / 선인장 / 고릴라

올록!
뭘까?

볼록!
뭘까?

올록!
뭘까?

볼록!
뭘까?

따가운

선인장!

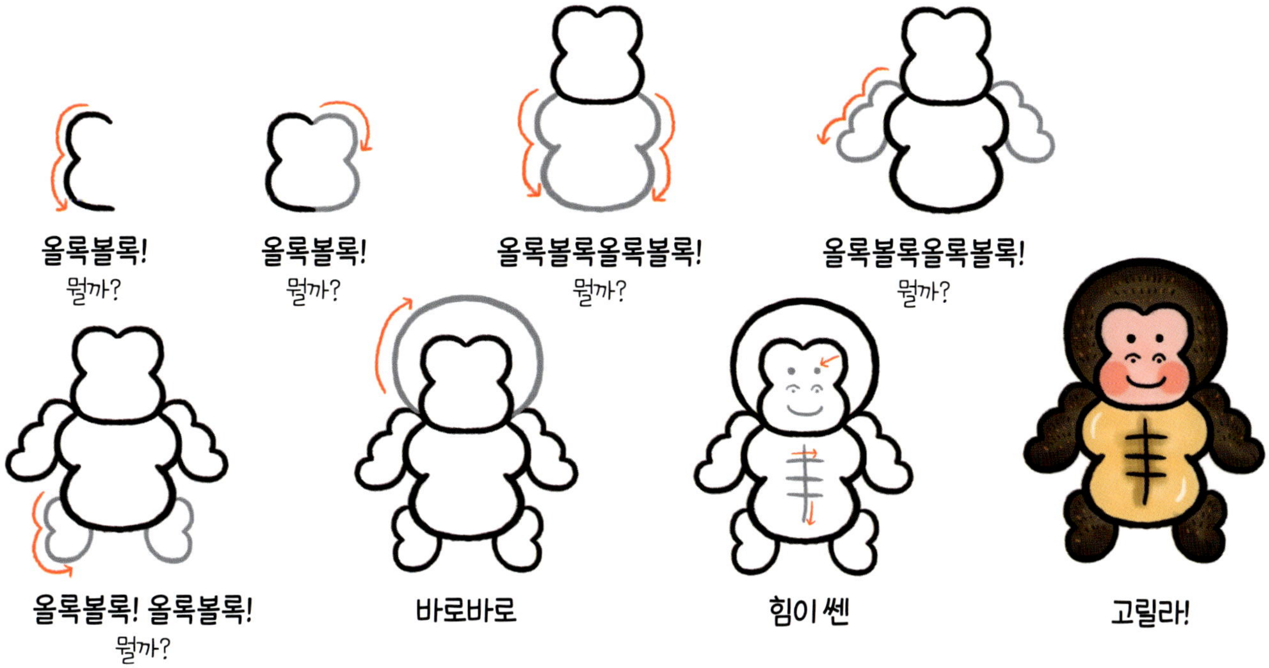

올록볼록!
뭘까?

올록볼록!
뭘까?

올록볼록올록볼록!
뭘까?

올록볼록올록볼록!
뭘까?

올록볼록! 올록볼록!
뭘까?

바로바로

힘이 쎈

고릴라!

올록볼록! 뭘까?

볼록! 뭘까?

올록볼록올록볼록! 뭘까?

울룩! 뭘까?

따뜻한 벙어리 장갑!

울퉁불퉁 호박!

따가운 선인장!

힘이 쎈 고릴라!

05 구불구불 무엇일까요?

무엇일까요? 뱀 / 수박 / 해초 / 해마

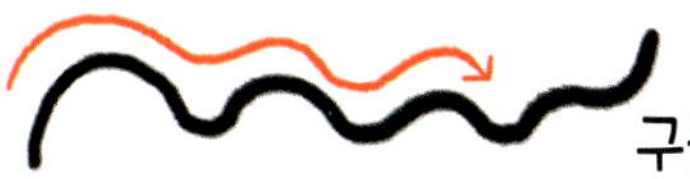

구불구불구불! 뭘까?    구불구불구불! 뭘까?

스르르 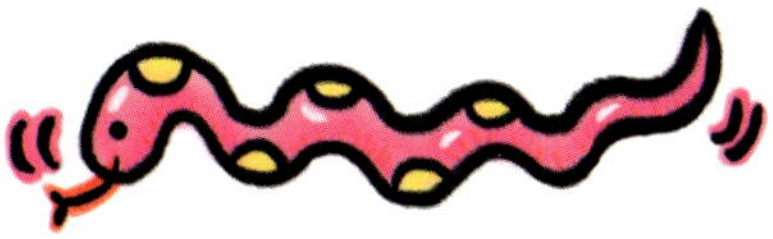   뱀!

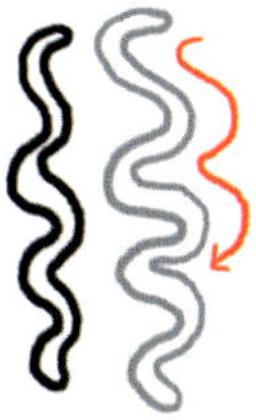

구불구불구불! 뭘까? 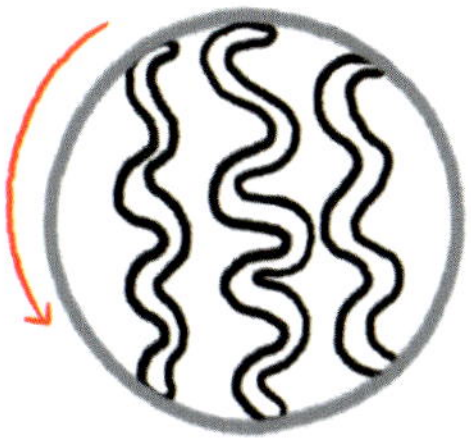   구불구불구불! 뭘까?    맛있는    수박!

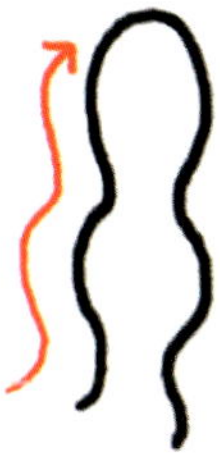

구불구불구불! 뭘까? 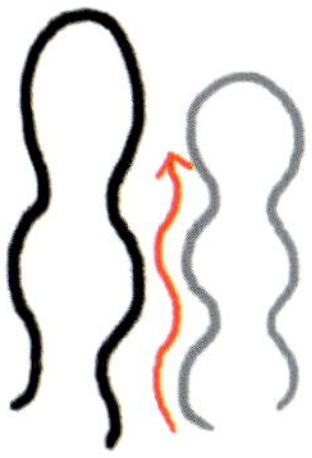   구불구불구불! 뭘까? 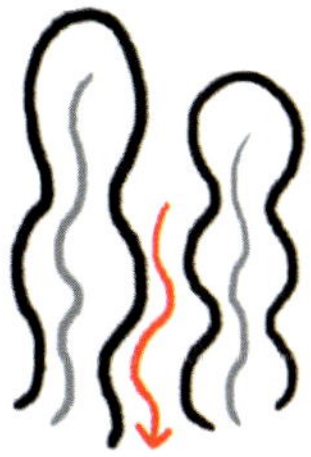   바닷속    해초!

구불구불구불! 뭘까? 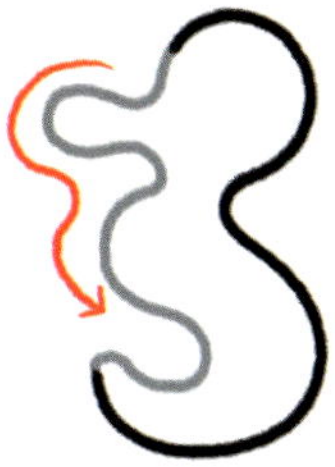   구불구불구불! 뭘까?    바닷속    해마!

재잘재잘, 이야기 손그림

06 무엇일까요?
꼬불꼬불 무엇일까요? 스케치북 / 머핀 / 나무 / 양

꼬불꼬불꼬불! 멀까?   꼬불꼬불꼬불! 멀까?   쓱싹쓱싹   스케치북!

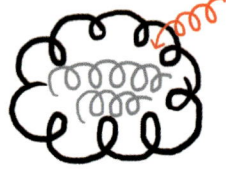

꼬불꼬불꼬불! 멀까?   꼬불꼬불꼬불! 멀까?   촉촉한   머핀!

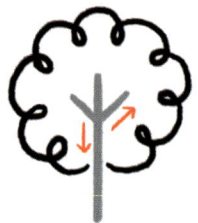

꼬불꼬불꼬불! 멀까?   꼬불꼬불꼬불! 멀까?   우뚝 선   나무!

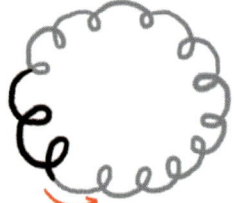
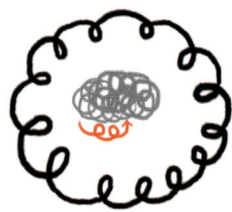
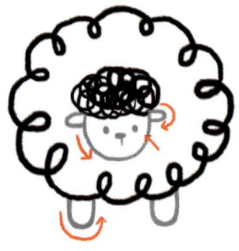

꼬불꼬불꼬불꼬불! 멀까?   꼬불꼬불꼬불꼬불! 멀까?   메에에에에   양!

07 뾰족뾰족 무엇일까요?
무엇일까요?

뾰족!
뭘까?

뾰족뾰족!
뭘까?

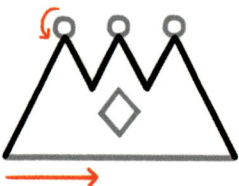
임금님

왕관!

뾰족!
뭘까?

뾰족뾰족뾰족!
뭘까?

뾰족뾰족뾰족!
뭘까?

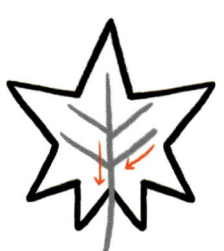
가을

단풍잎!

뾰족!
뭘까?

뾰족뾰족! 뾰족뾰족!
뭘까?

뾰족뾰족뾰족!
뭘까?

따가운

밤송이!

왕관 / 단풍잎 / 밤송이 / 크리스마스트리 / 고슴도치

뾰족!
뭘까?

뾰족뾰족!
뭘까?

뾰족뾰족뾰족뾰족!
뭘까?

크리스마스

트리!

뾰족!
뭘까?

뾰족뾰족!
뭘까?

뾰족뾰족뾰족뾰족!
뭘까?

뾰족뾰족뾰족!
뭘까?

바로바로

따가운

고슴도치!

뾰족! 뭘까?

뾰족뾰족! 뭘까?

뾰족뾰족뾰족뾰족! 뭘까?

임금님 왕관!

따가운 밤송이!

가을 단풍잎!

크리스마스트리!

뾰족한 고슴도치!

3. 이야기로 그리는 손그림

10초! 간단한 이야기 손그림

30초! 조금 복잡한 이야기 손그림

60초! 만화 손그림

10초! 간단한 이야기 손그림

동산 위에 꿀벌이 윙윙! 꿀벌

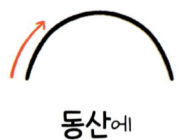

동산에

씨를 뿌렸더니

새싹이 쏘옥!

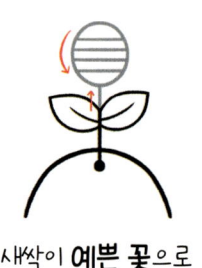

새싹이 **예쁜 꽃**으로

하나, 둘, 셋, 넷, 다섯!

예쁜 꽃에

꿀을 따러

윙윙!
꿀벌이 찾아왔어요.

동산에 씨를 뿌렸더니
새싹이 쏘옥!
새싹이 예쁜 꽃으로
하나, 둘, 셋, 넷, 다섯!
예쁜 꽃에 꿀을 따러 윙윙!
꿀벌이 찾아왔어요.

02 동산 위에 나비가 훨훨!

10초! 간단한 이야기 손그림

나비

동산에

씨를 뿌렸더니

새싹이 쏘옥!

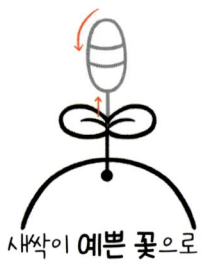
새싹이 예쁜 꽃으로

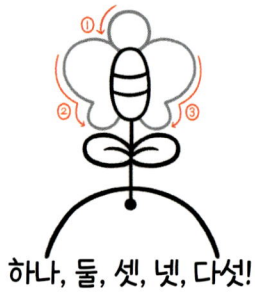
하나, 둘, 셋, 넷, 다섯!

예쁜 꽃에

꿀을 따러

훨훨!
나비가 찾아왔어요.

03 호떡 먹다 돼지 되지

10초! 간단한 이야기 손그림

돼지1

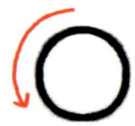

별이가
동그란 호떡이 먹고 싶어

엄마한테
이백 원을 받아서

호떡집으로 갔어요.

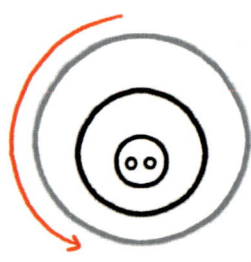

"아줌마,
이~따만한 호떡 하나

주세요!"

아주머니는 **깜짝! 깜짝!**
두 눈이 동그래지더니

"그렇게 큰 호떡을 먹었다간

돼지가 되고 말 텐데?
꿀꿀! 꿀꿀!"
이라고 하시네요.

별이가 동그란 호떡이 먹고 싶어
엄마한테 이백 원을 받아서 호떡집으로 갔어요.
"아줌마, 이~따만한 호떡 하나 주세요!"

아주머니는 깜짝! 깜짝! 두 눈이 동그래지더니
"그렇게 큰 호떡을 먹었다간 돼지가 되고 말 텐데?
꿀꿀! 꿀꿀!"이라고 하시네요.

 **10초! 간단한 이야기 손그림**
수리수리마수리, 나와라! 눈사람

마법의 모자에

나비 한 마리가 뿅! 하고
나타났어요.

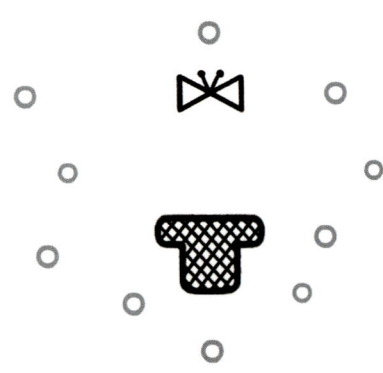
비눗방울이 퐁! 퐁! 퐁! 퐁!
나타났어요.

"수리수리마수리!"
주문을 외쳤더니

다시 "수리수리마수리!"
주문을 외치니

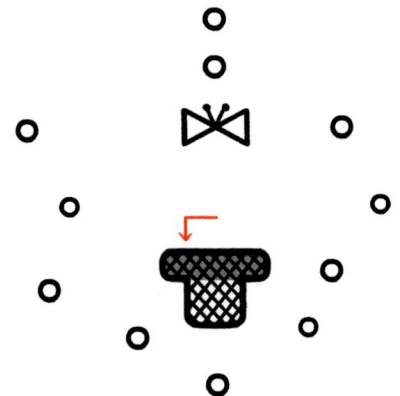
"수리수리마수리, 수리수리마수리!"

눈사람

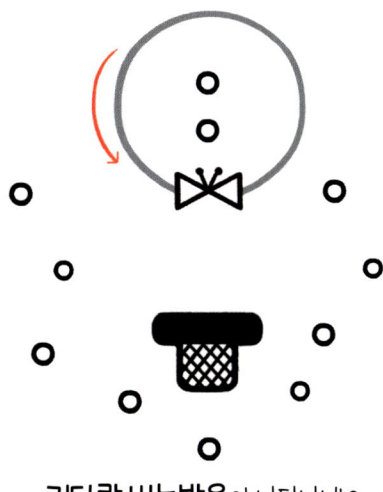

커다란 비눗방울이 나타나네요.

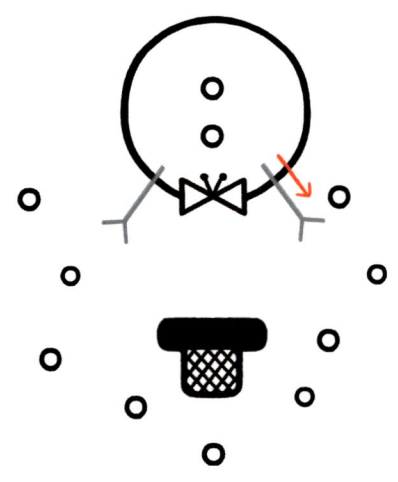

나뭇가지로 콕! 찔러보고 콕! 찔러봐도 터지지도 않아요.

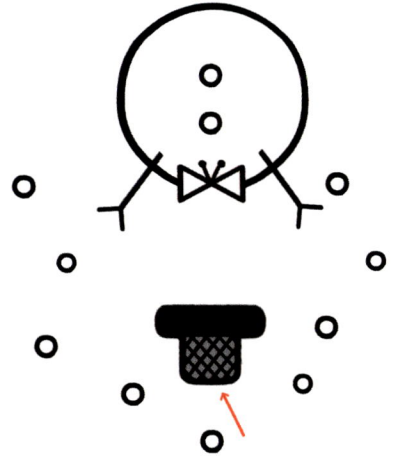

"수리수리마수리, 수리수리마수리!"

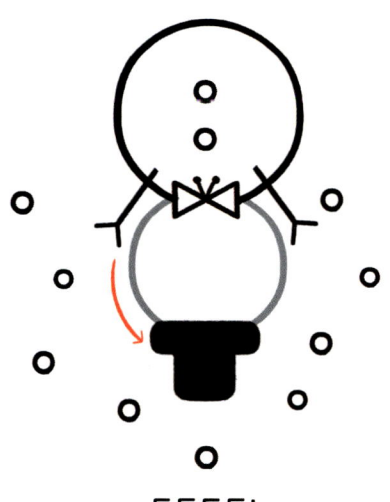

두둥두둥!

10초! 간단한 이야기 손그림

수리수리마수리, 나와라! 눈사람 눈사람

그림을 돌려주세요!

방긋방긋, 씨익 웃는
당근 코 눈사람이 나타났어요!

"얘들아, 안녕."

마법의 모자에 "수리수리마수리!" 주문을 외쳤더니
나비 한 마리가 뿅! 하고 나타났어요.
다시 "수리수리마수리!" 주문을 외치니
비눗방울이 퐁! 퐁! 퐁! 퐁! 나타났어요.
"수리수리마수리, 수리수리마수리!"
커다란 비눗방울이 나타나네요.

나뭇가지로 콕! 찔러보고 콕! 찔러봐도
터지지도 않아요.
"수리수리마수리, 수리수리마수리!"
두둥두둥!
방긋방긋, 씨익 웃는 당근 코 눈사람이 나타났어요!
"얘들아, 안녕."

05 치즈를 훔친 범인은 생쥐!

10초! 간단한 이야기 손그림

생쥐1

야옹~!
고양이가 먹으려던

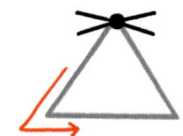

치즈가 사라졌어요.

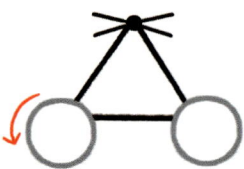

치즈에 **발이 달렸나?**

고양이는 **주방을 돌며**
치즈를 찾는데

작은 구멍 밖으로 빼꼼 나와 있는
꼬리를 발견했어요.

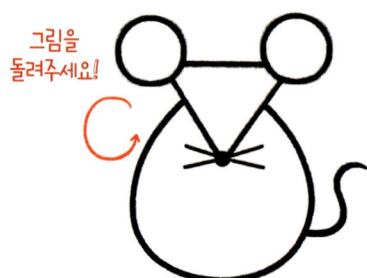

그림을 돌려주세요!

구멍을 슬쩍 들여다보니

쥐가 웃으면서

치즈를 들고
맛있게 먹고 있지 뭐예요.

치즈를 훔친 범인은
바로바로바로 **생쥐!** 찍찍!

야옹! 고양이가 먹으려던 치즈가 사라졌어요.
치즈에 발이 달렸나?
고양이는 주방을 돌며 치즈를 찾는데
작은 구멍 밖으로 빼꼼 나와 있는 꼬리를 발견했어요.
구멍을 슬쩍 들여다보니
쥐가 웃으면서 치즈를 들고 맛있게 먹고 있지 뭐예요.
치즈를 훔친 범인은 바로바로바로 생쥐! 찍찍!

10초! 간단한 이야기 손그림

06 아기 고양이를 찾아서 *고양이*

"야옹~ 야옹~ 야옹~!"
엄마 고양이가

사랑하는 아기 고양이를
잃어버렸어요.

온 동네를 돌아다니며 찾다가
골목 끝에서

"야옹~ 야옹~ 야옹!"
울고 있는 아기 고양이를 발견했어요.

엄마 고양이는 **두 팔과 다리로**
아기 고양이를 꼭 안아주며

"앞으로 엄마 **꼬리** 꼭 잡고 다니렴~! 야옹."
이라고 하시네요.

"야옹~ 야옹~ 야옹~!"
엄마 고양이가 사랑하는 아기 고양이를 잃어버렸어요.
온 동네를 돌아다니며 찾다가 골목 끝에서
"야옹~ 야옹~ 야옹~!"
울고 있는 아기 고양이를 발견했어요.

엄마 고양이는 두 팔과 다리로
아기 고양이를 꼭 안아주며
"앞으로 엄마 꼬리 꼭 잡고 다니렴~! 야옹."
이라고 하시네요.

07 펭귄이 우주선을 타고 와 하는 말 *펭귄*

10초! 간단한 이야기 손그림

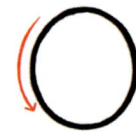
지구에서 가장 추운 **남극**

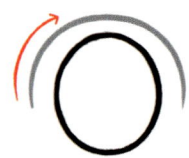
하늘 위에

**삐리 삐리 삐리 삐리!
삐리 삐리 삐리 삐리!**

우주선이 나타났어요.

우주선은 남극을 **한 바퀴 슈-웅** 돌더니

얼음 위에 **착!** 내려왔죠.

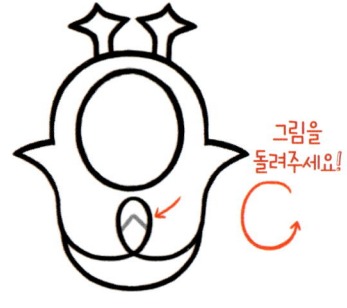
우주선 **문이 찌-잉** 열리더니

그림을 돌려주세요!

그 안에서 **펭귄**이 짜잔! 나타나서는
"오늘부터 내가 **살 곳**은 여기다! **뒤뚱!**"

지구에서 가장 추운 남극 하늘 위에
삐리 삐리 삐리 삐리! 삐리 삐리 삐리 삐리! 우주선이 나타났어요.
우주선은 남극을 한 바퀴 슈-웅 돌더니 얼음 위에 착! 내려왔죠.
우주선 문이 찌-잉 열리더니 그 안에서 펭귄이 짜잔! 나타나서는
"오늘부터 내가 살 곳은 여기다! 뒤뚱!"

08 부엉이는 숲속 밤손님 부엉이

10초! 간단한 이야기 손그림

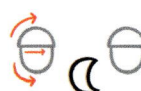

초승달이 뜨는 날,

댕~! 댕~!
종소리가 울릴 때마다

숲속을

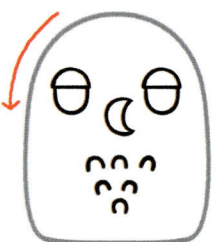

돌아다니는 동물이 있대.

그 동물하고 **눈**이 마주치면

부~! 부~! 날아와

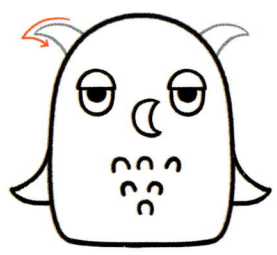

귀에 대고 이렇게 말한대.

"난… **숲속** 부엉이야. 붓!"

초승달이 뜨는 날, 댕~! 댕~! 종소리가 울릴 때마다
숲속을 돌아다니는 동물이 있대.
그 동물하고 눈이 마주치면 부~! 부~! 날아와 귀에 대고 이렇게 말한대.
"난… 숲속 부엉이야. 붓!"

10초! 간단한 이야기 손그림

빗자루 마녀 마녀

너네 그 얘기 알아?
번쩍 번쩍!

우르르 쾅쾅! 천둥번개는 마녀가 심술을 부리는 거래.

천둥번개가 치는 날
집에

문을 열어 놓으면

커튼 사이로

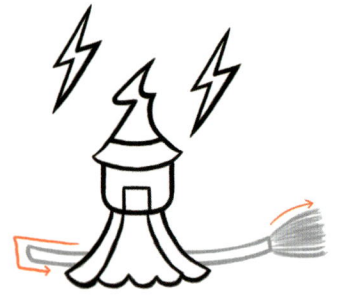

빗자루를 탄

코주부 마녀가 들어와

저주를 내린대.

"우르르 쾅쾅! 우르르 쾅쾅!"

98 이야기로 그리는 손그림

너네 그 얘기 알아?
번쩍 번쩍! 우르르 쾅쾅!
천둥번개는 마녀가 심술을 부리는 거래.
천둥번개가 치는 날 집에 문을 열어 놓으면
커튼 사이로 빗자루를 탄 코주부 마녀가 들어와 저주를 내린대.
"우르르 쾅쾅! 우르르 쾅쾅!"

10 새가 된 임금 새

옛날옛날,
욕심 많은

임금님이 살고 있었어.

임금님은 **구름보다**

높게 **왕관**을 쓰고 다녔대.
그러던 어느 날,

빗자루 마녀들이 왕관에
꽝! 부딪히고 만 거야.

화가 난 마녀들은
임금을 **입이 삐죽,**

눈이 동글한

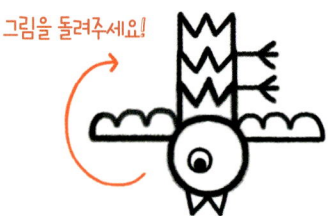
새로 만들어 버렸대.

옛날옛날, 욕심 많은 임금님이 살고 있었어.
임금님은 구름보다 높게 왕관을 쓰고 다녔대.
그러던 어느 날,
빗자루 마녀들이 왕관에 꽝! 부딪히고 만 거야.
화가 난 마녀들은 임금을
입이 삐쭉, 눈이 동글한 새로 만들어 버렸대.

10초! 간단한 이야기 손그림

공동묘지에 사는 대머리 독수리 *독수리*

저 너머에는 **안개가** 자욱하게 낀 동그란 산 두 개가 있어. 그 사이에 커다란 구멍이 있는데

거기에는 **무덤들이** 여기저기 널려 있지. 매일 **구름을** 뚫고 **해가** 뜰 때면 무덤으로

무시무시한 **발톱을** 가진 "끼-야악!" 대머리

독수리가 날아온대.

저 너머에는 안개가 자욱하게 낀 동그란 산 두 개가 있어.
그 사이에 커다란 구멍이 있는데
거기에는 무덤들이 여기저기 널려 있지.
매일 구름을 뚫고 해가 뜰 때면 무덤으로 무시무시한 발톱을 가진
"끼-야악!"
대머리 독수리가 날아온대.

12 여름에는 선풍기가 최고! 선풍기

10초! 간단한 이야기 손그림

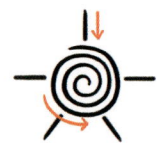

햇볕이 쨍쨍한 무더운 여름을 시원하게 보내려면 어떻게 해야 할까?

"난 **파도가 출렁출렁**이는 바다에서 수영할 거야."

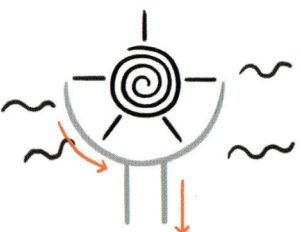

"난 햇볕을 가리는 **커다란 나무** 밑에서

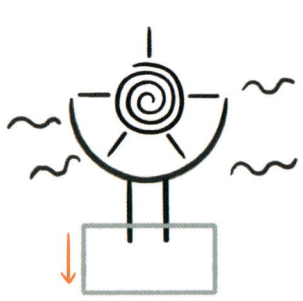

돗자리 펴고 누워서 쉴 거야."

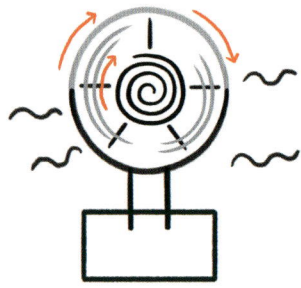

"에이~, 다 필요 없어. 커다란 **선풍기 바람** 쐬면서

집에 있는 게 최고야!"

햇볕이 쨍쨍한 무더운 여름을
시원하게 보내려면 어떻게 해야 할까?
"난 파도가 출렁출렁이는 바다에서 수영할 거야."
"난 햇볕을 가리는 커다란 나무 밑에서 돗자리 펴고 누워서 쉴 거야."
"에이~, 다 필요 없어.
커다란 선풍기 바람 쐬면서 집에 있는 게 최고야!"

13 강아지 화장실 강아지

30초! 조금 복잡한 이야기 손그림

토끼가 친구들을
모아 놓고 이야기를 해요.
"얘들아 내 얘기 좀 들어볼래?"

내가 목이 말라
옹달샘을 찾아
돌아다니다가

여기저기 흩어진 돌들 사이에서
옹달샘을 발견한 거야.
난 정신없이 물을 마셨지.

근데 어디서
구리구리한 냄새가 나서

뒤를 돌아보니깐

똥! 똥! 똥! 똥덩어리들이
잔뜩 있는거야. 으~~.

그 순간 풍덩! 옹달샘에
무언가 떨어져서 쳐다보니깐

강아지가

꼬리를 흔들며 옹달샘에
똥을 싸고 있지 뭐야.

거기는 옹달샘이 아니라 **강아지 화장실**이었어. 맙소사!"

토끼가 친구들을 모아 놓고 이야기를 해요.
"얘들아 내 얘기 좀 들어볼래?
내가 목이 말라 옹달샘을 찾아 돌아다니다가
여기저기 흩어진 돌들 사이에서 옹달샘을 발견한 거야.
난 정신없이 물을 마셨지.
근데 어디서 구리구리한 냄새가 나서 뒤를 돌아보니깐

똥! 똥! 똥! 똥덩어리들이 잔뜩 있는거야. 으~~.
그 순간 풍덩! 옹달샘에 무언가 떨어져서 쳐다보니깐
강아지가 꼬리를 흔들며 옹달샘에 똥을 싸고 있지 뭐야.
거기는 옹달샘이 아니라 강아지 화장실이었어. 맙소사!"

14 잠꾸러기 코알라 — 코알라

30초! 조금 복잡한 이야기 손그림

동물 친구들이 아침 일찍 **언덕**에 모여 봄 소풍을 가기로 했어요.

깡충깡충

토끼가 제일 먼저 도착했어요.

엉금엉금 기어 오다 늦을까 봐

데굴데굴 데굴데굴 굴러서 온

거북이가 두 번째로 도착했어요.

마지막 친구를 기다리는데 어디선가 **드르렁드르렁 코 고는**

소리가 들려요.

알고 보니 **제일 먼저 도착해 나무** 위에서

잠이 든 코알라 소리예요.

"**코알라야, 일어나** 소풍 가야지!"

108 이야기로 그리는 손그림

동물 친구들이 아침 일찍 언덕에 모여 봄 소풍을 가기로 했어요.
깡총깡총 토끼가 제일 먼저 도착했어요.
엉금엉금 기어 오다 늦을까 봐 데굴데굴 데굴데굴 굴러서 온
거북이가 두 번째로 도착했어요.
마지막 친구를 기다리는데 어디선가 드르렁드르렁 코 고는 소리가 들려요.
알고 보니 제일 먼저 도착해 나무 위에서 잠이 든 코알라 소리예요.
"코알라야, 일어나 소풍 가야지!"

15 공작의 숲속 생일잔치 공작

30초! 조금 복잡한 이야기 손그림

숲속 동물들이

사랑하는 친구를 위해
깜짝 생일잔치를 준비해요.

풍선을 달고

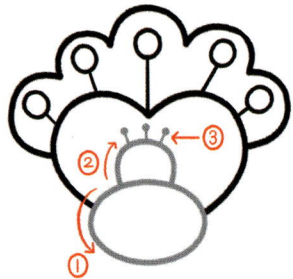
2단 케이크에
촛불도 붙였어요.

폭죽을 들고
주인공을 기다리는데,

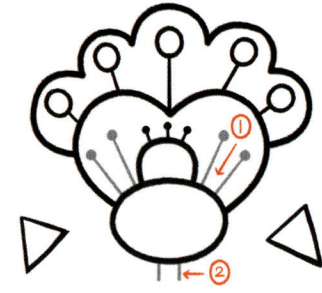
마침내 **알록달록 깃털**을 가진
주인공이 **나타났어요**.

펑~!
"생일 축하해!"

깜짝 놀라
눈이 동그래진 공작은

기분이 좋아
입이 쩍! 벌어졌네요.

숲속 동물들이 사랑하는 친구를 위해
깜짝 생일잔치를 준비해요.
풍선을 달고 2단 케이크에 촛불도 붙였어요.
폭죽을 들고 주인공을 기다리는데,
마침내 알록달록 깃털을 가진
주인공이 나타났어요.
펑~!
"생일 축하해!"
깜짝 놀라 눈이 동그래진 공작은
기분이 좋아 입이 쩍! 벌어졌네요.

16 풍선을 찾아준 기린 <small>기린</small>

<small>30초! 조금 복잡한 이야기 손그림</small>

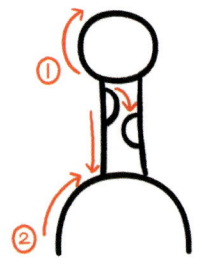

키가 큰 나무가
우뚝 서 있는 **동산**에서

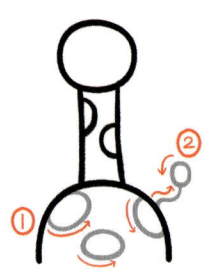

아이들이 옷이 **더러워지는지**도 모르고
풍선을 가지고 신나게 놀아요.

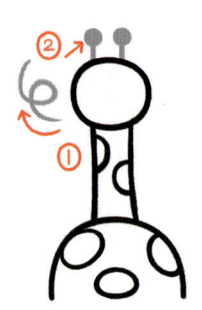

그러다 그만 **풍선** 줄을 놓쳐
풍선이 나무에 **걸려버렸어요.**

동산 밑에서
아이가 큰소리로 **엉엉** 울자

그 소리를 들은
다리가 길쭉한

기린이 나타나
씨익 **웃으며**

풍선을 물어다 주었답니다.

키가 큰 나무가 우뚝 서 있는 동산에서
아이들이 옷이 더러워지는지도 모르고
풍선을 가지고 신나게 놀아요.
그러다 그만 풍선 줄을 놓쳐

풍선이 나무에 걸려버렸어요.
동산 밑에서 아이가 큰소리로 엉엉 울자
그 소리를 들은 다리가 길쭉한 기린이 나타나
씨익 웃으며 풍선을 물어다 주었답니다.

30초! 조금 복잡한 이야기 손그림

17 무지개를 품은 카멜레온 카멜레온

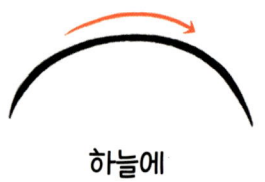

하늘에

빨주노초파남보
무지개가 떴어요!

그런데 갑자기 무지개가
쭈르르르륵 녹아내리더니
땅으로 **척!** 떨어졌지 뭐예요.

사람들은 무지개를 찾으러
산 하나를 넘고, **두 개**를 넘고
셋, 넷, 다섯, 여섯, 일곱 개를 넘어도

무지개가 **발**이 달렸는지
찾을 수 없었대요.

왜냐하면, **바위** 위에서

자고 있던 카멜레온의 등에
숨어버렸기 때문이지요.

그래서 카멜레온이 여러 가지 색으로
변할 수 있나 봐요.

하늘에 빨주노초파남보 무지개가 떴어요!
그런데 갑자기 무지개가 쭈르르르륵 녹아내리더니 땅으로 척! 떨어졌지 뭐예요.
사람들은 무지개를 찾으러 산 하나를 넘고, 두 개를 넘고
셋, 넷, 다섯, 여섯, 일곱 개를 넘어도
무지개가 발이 달렸는지 찾을 수 없었대요.
왜냐하면, 바위 위에서 자고 있던 카멜레온의 등에 숨어버렸기 때문이지요.
그래서 카멜레온이 여러 가지 색으로 변할 수 있나 봐요.

18 산타 할아버지의 선물 산타 할아버지

30초! 조금 복잡한 이야기 손그림

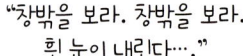

흰 눈이 펑펑 오는 크리스마스이브.

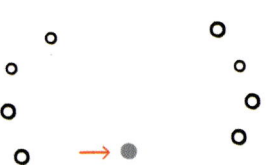

성냥팔이 소녀는 마지막 남은 **성냥**에

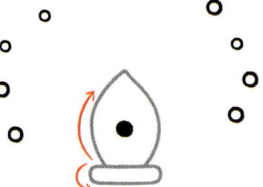

불을 붙였어요.

"저도 **난롯불**이 있었으면 좋겠어요." 기도하며 잠이 들었죠.

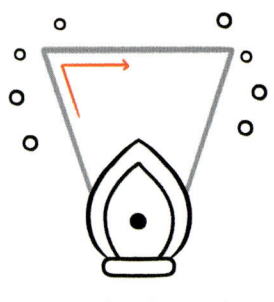

다음 날 눈을 떠보니 **커다란**

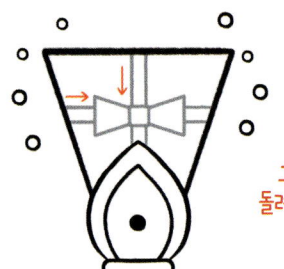

선물상자가 놓여 있었어요.

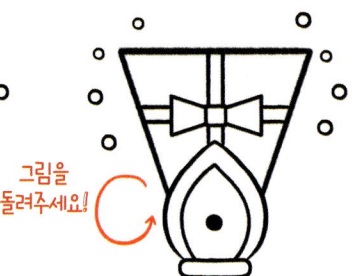

누가 놓고 간 걸까요?

그림을 돌려주세요!

빨간 털모자에 **콧수염**을 기른

산타 할아버지가 선물을 놓고 갔어요.

"**메리 크리스마스**~! 허허허~!"

"창밖을 보라. 창밖을 보라. 흰 눈이 내린다…."
흰 눈이 펑펑 오는 크리스마스이브.
성냥팔이 소녀는 마지막 남은 성냥에
불을 붙였어요.
"저도 난롯불이 있었으면 좋겠어요."
기도하며 잠이 들었죠.

다음 날 눈을 떠보니
커다란 선물상자가 놓여 있었어요.
누가 놓고 간 걸까요?
빨간 털모자에 콧수염을 기른
산타 할아버지가 선물을 놓고 갔어요.
"메리 크리스마스~! 허허허~!"

19 코끼리 아저씨는 소방관 코끼리1

30초! 조금 복잡한 이야기 손그림

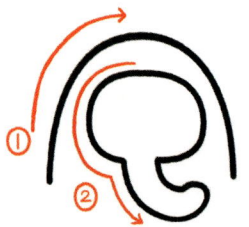

놀이터에 미끄럼틀을 타고
아이들이 신나게 놀고 있어요.

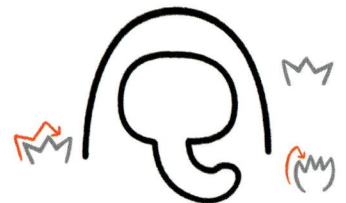

그런데 놀이터 잔디에
불이 붙었어요.

"불이야! 불이야!"

커다란 부채로 불을 끄려 해도
꺼지지 않아요.

그때, 쿵쿵쿵! 쿵쿵쿵!

코가 긴 코끼리 아저씨가 나타나

코로 물을 뿌려 불을 꺼주셨답니다.

"코끼리 아저씨 최고!"

놀이터에서 미끄럼틀을 타고
아이들이 신나게 놀고 있어요.
그런데 놀이터 잔디에 불이 붙었어요.
"불이야! 불이야!"
커다란 부채로 불을 끄려 해도 꺼지지 않아요.
그때, 쿵쿵쿵! 쿵쿵쿵! 코가 긴 코끼리 아저씨가 나타나
코로 물을 뿌려 불을 꺼주셨답니다.
"코끼리 아저씨 최고!"

20 우유를 주고 간 젖소

30초! 조금 복잡한 이야기 손그림

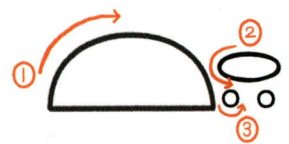

둥근 **언덕** 옆, **지붕**도 둥글, **창문**도 둥글둥글한

둥근 **집**에 마음씨 착한 농부 아저씨가 살고 있어요.

아저씨는 언덕 위에 **나무**도 심고,

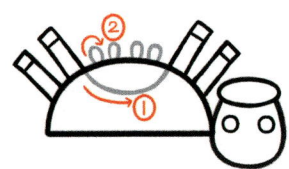

밭에 **채소**도 심어 동물들에게 나눠주었답니다. 그러던 어느 날,

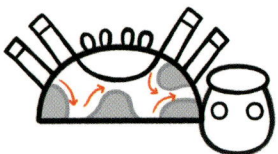

안에도 색칠해주세요!

언덕에 누군가 **오줌**을 잔뜩 싸고 갔지 뭐예요. 착한 아저씨는 혼자서 오줌을 다 **치우셨어요**.

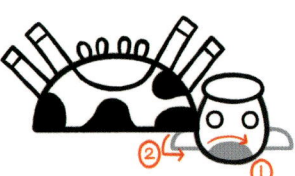

다음 날 "똑! 똑! 똑!" 문 두드리는 **소리가 들려**

그림을 돌려주세요!

밖을 나가보니

젖소가 **꼬리**를 흔들며

"오줌을 싸고 가서 죄송합니다." 하고는

맛있는 **우유** 한 병을 주고 갔답니다. "음매~!"

둥근 언덕 옆, 지붕도 둥글, 창문도 둥글둥글한
둥근 집에 마음씨 착한 농부 아저씨가 살고 있어요.
아저씨는 언덕 위에 나무도 심고,
밭에 채소도 심어 동물들에게 나눠주었답니다.
그러던 어느 날,
언덕에 누군가 오줌을 잔뜩 싸고 갔지 뭐예요.

착한 아저씨는 혼자서 오줌을 다 치우셨어요.
다음 날 "똑! 똑! 똑!" 문 두드리는 소리가 들려 밖을 나가보니
젖소가 꼬리를 흔들며
"오줌을 싸고 가서 죄송합니다." 하고는
맛있는 우유 한 병을 주고 갔답니다.
"음매~!"

21 상어가 바다에서 제일 빨라 상어

30초! 조금 복잡한 이야기 손그림

오늘은 **바다**에서 가장 빠른 동물을 뽑는 날!

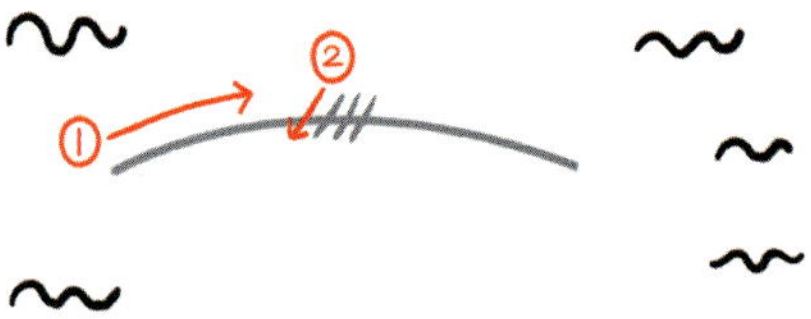

바다 가운데 떠 있는

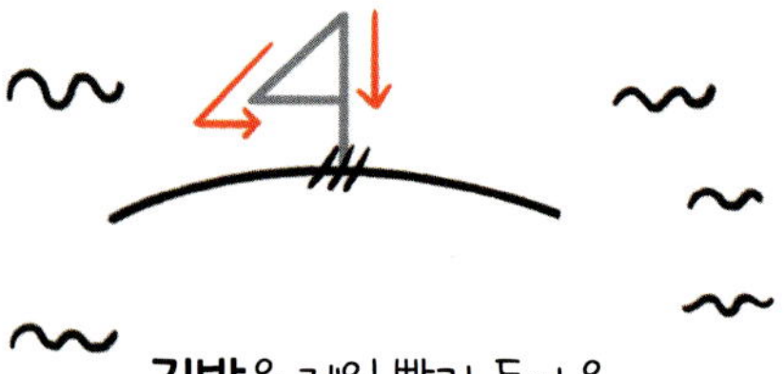

깃발을 제일 빨리 돌아올 동물은 과연 누구일까요?

말씀드리는 순간 선수들이 **출발선**에 섰습니다. 자, 준비하시고, 땅!

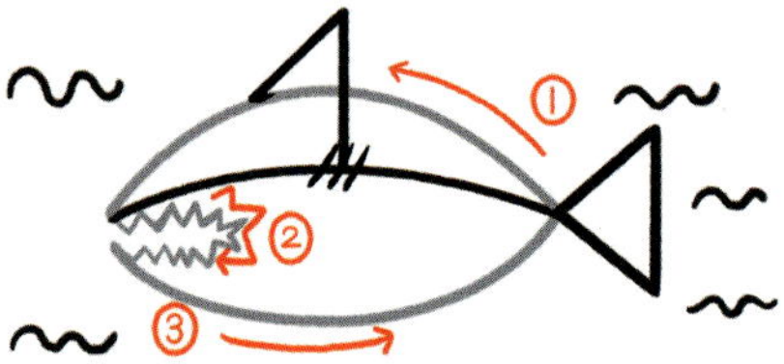

모두가 빠른 속도로 **바다를 헤엄치기** 시작했습니다. 중간지점에 있는 **뾰족 동굴**도 무사히 통과했네요. 드디어 제일 먼저 **결승선**에 들어오는 선수가 보입니다.

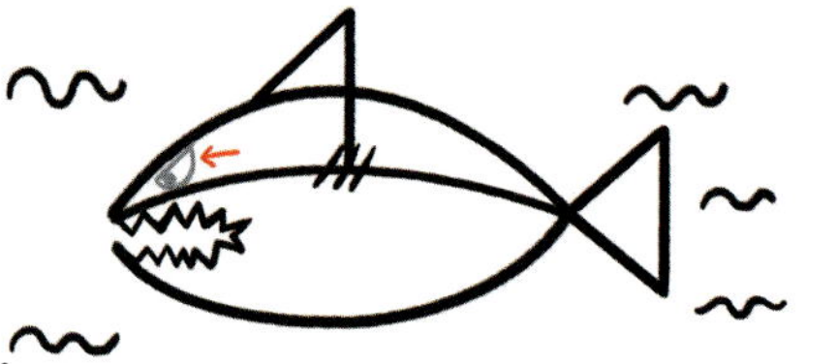

여러분도 **보이시나요**?

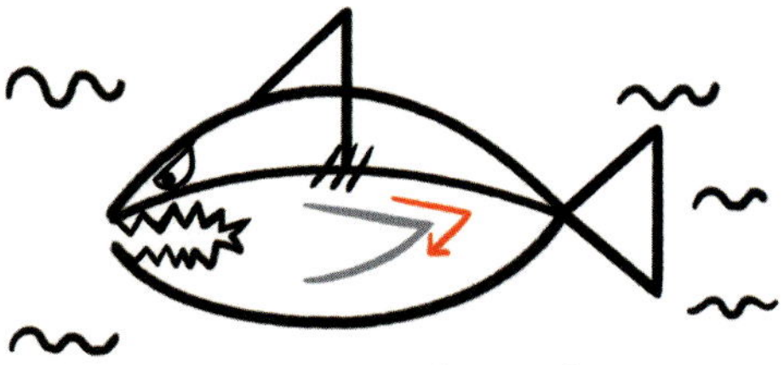

오늘의 우승자는 바로바로 날쌘 **지느러미**를 가진 상어!

오늘은 바다에서 가장 빠른 동물을 뽑는 날!
바다 가운데 떠 있는 깃발을 제일 빨리 돌아올 동물은 과연 누구일까요?
말씀드리는 순간 선수들이 출발선에 섰습니다.
자, 준비하시고, 땅!
모두가 빠른 속도로 바다를 헤엄치기 시작했습니다. 중간지점에 있는 뾰족 동굴도 무사히 통과했네요.
드디어 제일 먼저 결승선에 들어오는 선수가 보입니다. 여러분도 보이시나요?
오늘의 우승자는 바로바로 날쌘 지느러미를 가진 상어!

22 왕관의 주인공은 타조 _{타조}

30초! 조금 복잡한 이야기 손그림

빰빠밤~! 빠바바밤~!

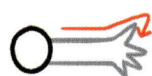
나팔소리와 함께 숲속 달리기 결승전이 시작되었습니다.

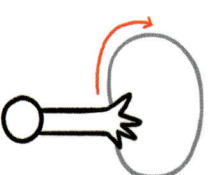
경기장으로 선수들이 입장합니다.

긴장감이 넘치는 순간, **땅!** 선수들이 출발합니다!

두두두두두! 예상대로 무서운 속도로 치타가 앞서고 있습니다.

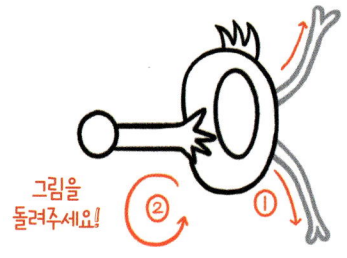
앗, 말씀드리는 순간 **다리 찢기** 기술로 치타를 제치고

결승선을 제일 먼저 **밟은**

왕관의 주인공은 타조!

펑! 펑펑펑! 축하합니다~!

빰빠밤~! 빠바바밤~!
나팔소리와 함께 숲속 달리기 결승전이 시작되었습니다.
경기장으로 선수들이 입장합니다.
긴장감이 넘치는 순간,
땅! 선수들이 출발합니다!

두두두두두!
예상대로 무서운 속도로 치타가 앞서고 있습니다.
앗, 말씀드리는 순간 다리 찢기 기술로 치타를 제치고
결승선을 제일 먼저 밟은 왕관의 주인공은 타조!
펑! 펑펑펑! 축하합니다~!

23 동물들의 무덤을 만들어 준 박쥐 박쥐

30초! 조금 복잡한 이야기 손그림

옛날에 **바위**로 꽉 막힌 동굴이 있는

산이 있었어.

어느 날 **산꼭대기**에서 화산이 펑~! 폭발해 산 밑으로 용암이 **흘러 내렸지**.

동굴을 막고 있던 바위는 **녹아내렸고**

슬프게도 숲 속 동물들이 모두 죽고 말았어. 흑흑.

그런데 누군가 동물 친구들을 위해 산 밑에 **둥근 무덤**을 만들어 주었대.

그건 바로 **깜깜한 동굴**에 갇혀

두 귀를 쫑긋 세우고 살다 살아남은

이빨이 뾰족한 **박쥐**였대.

옛날에 바위로 꽉 막힌 동굴이 있는 산이 있었어.
어느 날 산꼭대기에서 화산이 펑~! 폭발해 산 밑으로 용암이 흘러 내렸지.
동굴을 막고 있던 바위는 녹아내렸고
슬프게도 숲 속 동물들이 모두 죽고 말았어. 흑흑.
그런데 누군가 동물 친구들을 위해 산 밑에 둥근 무덤을 만들어 주었대.
그건 바로 깜깜한 동굴에 갇혀 두 귀를 쫑긋 세우고 살다
살아남은 이빨이 뾰족한 박쥐였대.

24 떡 할머니와 호랑이 호랑이

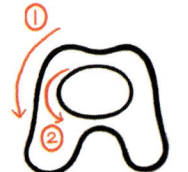

떡 할머니는 **커다란 절구**에 **쌀**을 넣고

방망이로 오른쪽도 쿵! 왼쪽도 쿵!

쿵덕쿵덕 쿵덕쿵덕 맛있는 떡을 만들어요.

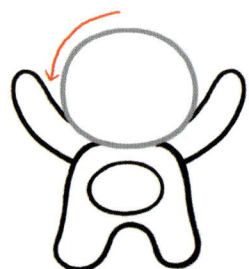

마침내 **커다란 떡**이 완성되자

이 소식을 들은 다람쥐가 찾아왔어요.
"할머니 떡 한 입만 주세요~."
"**앙앙**" 맛있게 먹고 **도토리**를 두고 갔어요.

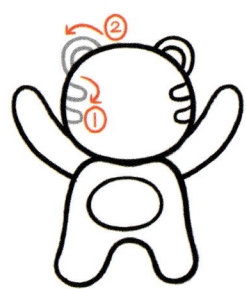

너구리도 찾아와 "**냠냠**" 맛있게 먹고 **도토리**를 두고 갔어요.

이번엔 곰이 찾아와 "**앙~앙~앙~**" 맛있게 먹고 **밤**을 두고 갔네요.

"쿵쿵쿵! 쿵쿵쿵!"
"아휴~, 이번엔 또 누구야?"

문을 열자

긴 꼬리를 가진

화가 난 호랑이가
"할머니! 저는 왜떡 안 주시는 거예요?"
하고 소리치네요.

"어흥~!"

떡 할머니는 커다란 절구에 쌀을 넣고 방망이로
오른쪽도 쿵! 왼쪽도 쿵! 쿵덕쿵덕 쿵덕쿵덕 맛있는 떡을 만들어요.
마침내 커다란 떡이 완성되자 이 소식을 들은 다람쥐가 찾아왔어요.
"할머니 떡 한 입만 주세요~." "앙앙" 맛있게 먹고 도토리를 두고 갔어요.
너구리도 찾아와 "냠냠" 맛있게 먹고 도토리를 두고 갔어요.
이번엔 곰이 찾아와 "앙~앙~앙" 맛있게 먹고 밤을 두고 갔네요.
"쿵쿵쿵! 쿵쿵쿵!" "아휴~, 이번엔 또 누구야?"
문을 열자 긴 꼬리를 가진 화가 난 호랑이가
"할머니! 저는 왜 떡 안 주시는 거예요?" 하고 소리치네요.
"어흥~!"

25 공룡 발자국의 주인을 찾아서

30초! 조금 복잡한 이야기 손그림

공룡(트리케라톱스)

아주 먼 옛날,

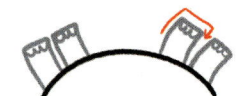

눈 덮인 4개의 언덕 밑에 한 마을이 있었어.

어느 날, 마을에 아주 커다란 발자국이 찍힌거야.

사람들은 발자국을 따라갔어. 산을 넘고 강을 건너갔지.

그런데 갑자기 땅이 쿠구구구궁 갈라지면서

그림을 빙글빙글 돌려주세요!

사람들이 우당탕탕

뾰족한 바위 아래로 떨어지고 말았어.

눈을 떠보니

커다란 공룡이 입을 쩌억 벌리고 서 있지 뭐야. "으악! 사람 살려~!"

알고 보니 풀을 좋아하는 트리케라톱스였어.

트리케라톱스는 사람들을 마을로 태워다 줬대.

아주 먼 옛날, 눈 덮인 4개의 언덕 밑에 한 마을이 있었어.
어느 날, 마을에 아주 커다란 발자국이 찍힌거야. 사람들은 발자국을 따라갔어.
산을 넘고 강을 건너갔지.
그런데 갑자기 땅이 쿠구구구궁 갈라지면서
사람들이 우당탕탕 뾰족한 바위 아래로 떨어지고 말았어.
눈을 떠보니 커다란 공룡이 입을 쩌억 벌리고 서 있지 뭐야.
"으악! 사람 살려~!"
알고 보니 풀을 좋아하는 트리케라톱스였어.
트리케라톱스는 사람들을 마을로 태워다 줬대.

26 해적들이 훔친 공룡 알 공룡(티라노사우르스)

30초! 조금 복잡한 이야기 손그림

해적이 **바이킹**을 타고

바다를 둥~ 둥~ 떠다니다

어떤 섬에 **도착**했어요.

섬을 돌다 이상하게 생긴 **나무** 밑에서

금이 간 알을 발견했지요.

해적들은 알을 **몰래 훔쳐** 배에 싣고 **노**를 저어 도망가려는데

알이 **쩌저저적** 갈라지더니

그 안에서 무시무시한 **티라노사우르스**가 나타났어요.

해적들은 **깜짝 놀라** "사람 살려!" 도망치고는 두 번 다시 남의 물건에 손을 대지 않았답니다.

"저 구름은 **솜사탕 구름**. 냠냠냠."

"저 구름은 **강아지 구름**. 월월! 월월!"

"엇, 저 구름은 **똥 구름**? 크크크…."

애벌레가 구름을 보며 **웃고 있는데**

갑자기 똥 구름에서 **빗방울**이 툭 툭 떨어졌어요.
"뭐야! 똥 비?!!!"

60초! 만화 손그림
애벌레 살려!

그 순간
**두두두두
두두두두…!**
비가 마구 쏟아졌어요.

애벌레는 **깜짝 놀라**

방귀를
빵!
하고 뀌더니

방귀와 함께
부-웅 날아
엄청난 속도로
집에 도착했답니다.
"휴~."

애벌레 한 마리가 언덕을 지나 꿈틀꿈틀, 땡글땡글!
똥똥똥똥똥! 버섯 집으로 가는 길에 하늘을 올려다봤어요.
하늘에는 구름이 뭉게뭉게 떠 있었지요.
"저 구름은 양 구름. 메에~."
"저 구름은 솜사탕 구름. 냠냠냠."
"저 구름은 강아지 구름. 월월! 월월!"
"엇, 저 구름은 똥 구름? 크크크….."

애벌레가 구름을 보며 웃고 있는데 갑자기 똥 구름에서
빗방울이 툭 툭 떨어졌어요.
"뭐야 똥 비?!!"
그 순간 두두두두 두두두두…! 비가 마구 쏟아졌어요.
애벌레는 깜짝 놀라 방귀를 뿡! 하고 뀌더니 방귀와 함께
부-웅 날아 엄청난 속도로 집에 도착했답니다.
"휴~."

60초! 만화 손그림

28 아기 고래가 배탈이 났어요!

파도가 출렁이는 **바다에**

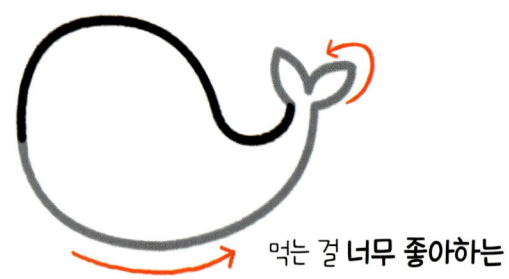
먹는 걸 너무 좋아하는

아기 고래가 배를 잡고

그림을 빙글빙글 돌려주세요!

데굴데굴 구르고 있어요.
"으앙! 배가 너무 아파요. 도와주세요."

그 울음소리를 듣고 지나가던
문어 아저씨가 아기 고래에게 다가왔어요.
"아기 고래가 배탈이 났구나!"

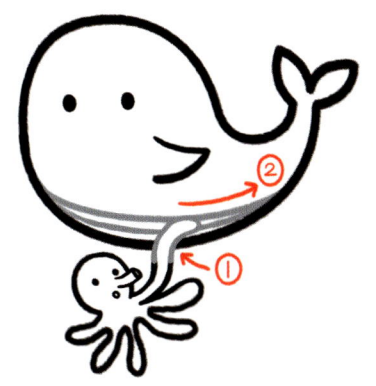

문어 아저씨는 아기 고래 배를 **문질러** 주었어요.
"**문어 손은 약-손, 고래 배는 똥-배.**"

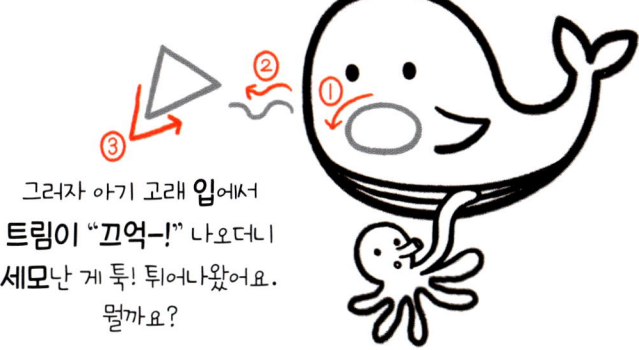

그러자 아기 고래 **입**에서
트림이 "**끄억-!**" 나오더니
세모난 게 툭! 튀어나왔어요.
뭘까요?

바로 **오징어**였어요.
"아이고 살았다, 휴-!"

"**문어 손은 약-손, 고래 배는 똥-배.**"

60초! 만화 손그림
아기 고래가 배탈이 났어요!

"끄어어억-!"
이번에는 **똥**처럼 생긴 게 툭!
설마 똥?

아니요. **소라게**였어요.
"아이고 살았다, 휴-!"

그제야 아기 고래도 **웃으면서**
"아이고 살았다, 휴-!"

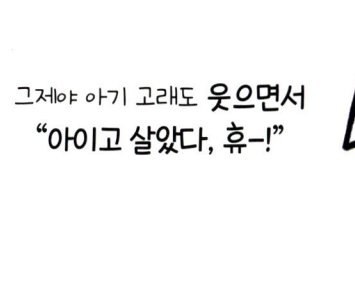

재잘재잘, 이야기 손그림 **141**

60초! 만화 손그림
아기 고래가 배탈이 났어요!

"문어 아저씨 감사합니다!"
라고 하네요.

파도가 출렁이는 바다에 먹는 걸 너무 좋아하는 아기 고래가
배를 잡고 데굴데굴 구르고 있어요.
"으앙! 배가 너무 아파요. 도와주세요."
그 울음소리를 듣고 지나가던 문어 아저씨가
아기 고래에게 다가왔어요.
"아기 고래가 배탈이 났구나!"
문어 아저씨는 아기 고래 배를 문질러 주었어요.
"문어 손은 약-손, 고래 배는 똥-배."
그러자 아기 고래 입에서 트림이 "끄억-!" 나오더니 세모난 게 툭!
튀어나왔어요. 뭘까요? 바로 오징어였어요. "아이고 살았다, 휴-!"
"문어 손은 약-손, 고래 배는 똥-배." "끄억-!"
이번에는 네모난 게 툭! 뭘까요? 꽃게였어요. "아이고 살았다, 휴-!"
한 번 더, "문어 손은 약-손, 고래 배는 똥-배."
"끄어어억-!"
이번에는 똥처럼 생긴 게 툭! 설마 똥? 아니요. 소라게였어요.
"아이고 살았다, 휴-!"
그제야 아기 고래도 웃으면서
"아이고 살았다, 휴-! 문어 아저씨 감사합니다!"라고 하네요.

29 난 커서 뭐가 될까?

60초! 만화 손그림

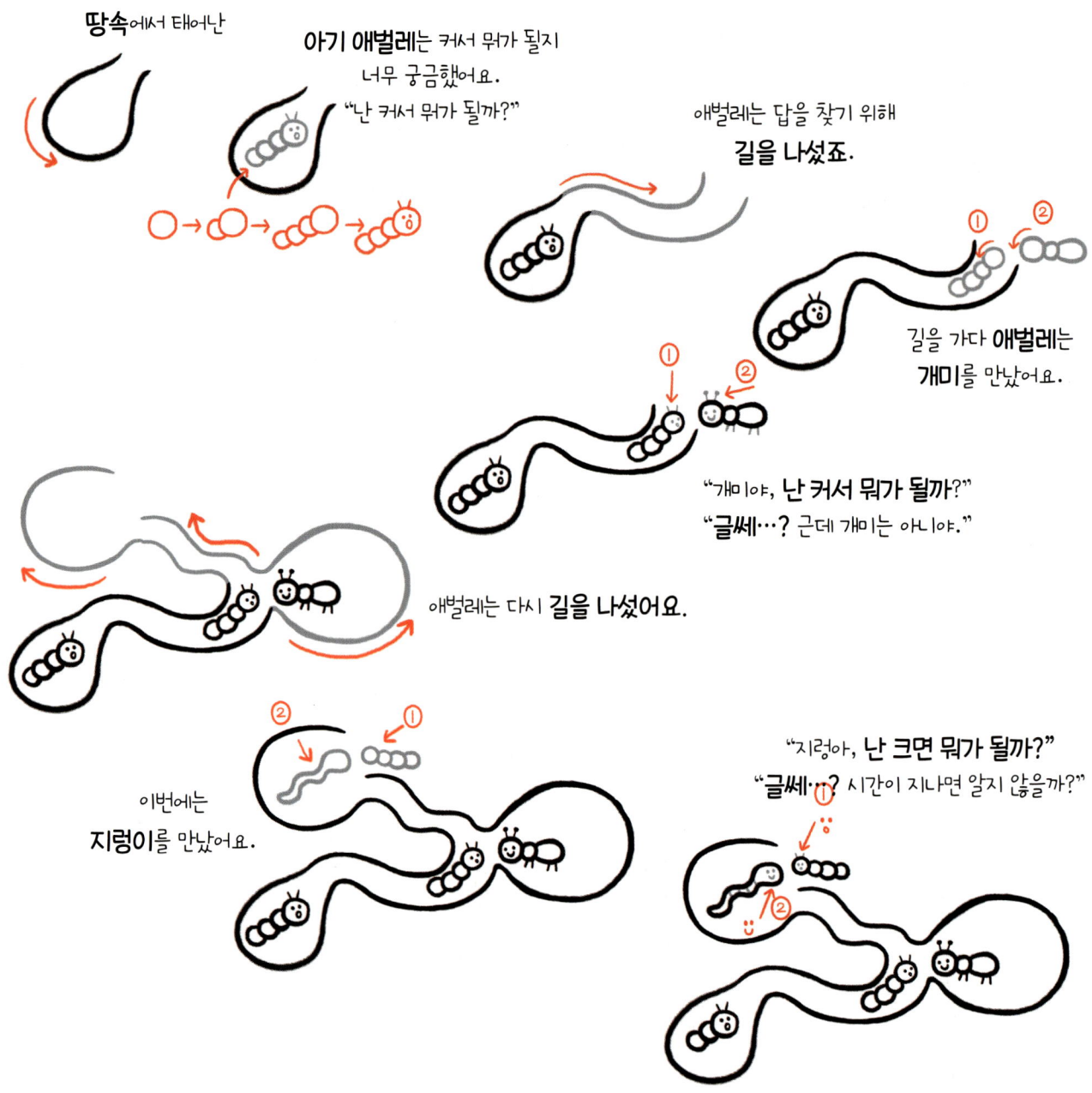

애벌레는 다시 **길을 떠나 땅 위**에 도착했어요.

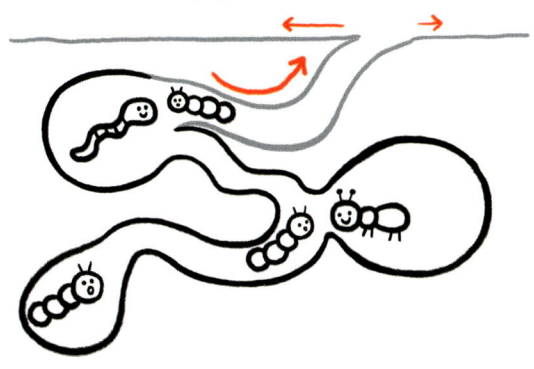

그곳에서 **두더지** 아주머니를 만났어요.

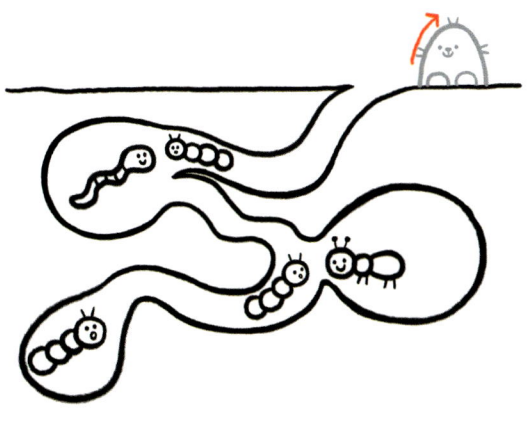

"아주머니, 저는 **커서 뭐가 될까요?**"
"호호호. 궁금하면 저기 **나무** 위로 올라가 보렴."

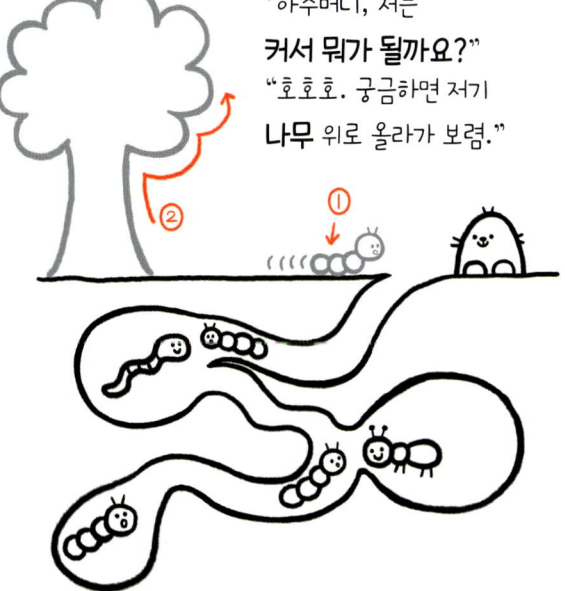

애벌레는 꿈틀꿈틀거리며 **나무에 오르기 시작했어요.** 그러다 그만 나무에서 잠이 들어버렸지요.

60초! 만화 손그림
난 커서 뭐가 될까?

쨍쨍 **해**가 비추는 아침이 돼서야
눈을 뜬 애벌레 등에는
멋진 **날개**가 돋아있었어요.

"아, 난 커서 멋진 매미가 되었구나! **신난다!**"
신이 난 매미는 하루종일 **노래**를 불렀답니다.
"맴맴맴맴!"

땅속에서 태어난 아기 애벌레는 커서 뭐가 될지
너무 궁금했어요.
"난 커서 뭐가 될까?"
애벌레는 답을 찾기 위해 길을 나섰죠.
길을 가다 애벌레는 개미를 만났어요.
"개미야, 난 커서 뭐가 될까?"
"글쎄…? 근데 개미는 아니야."
애벌레는 다시 길을 나섰어요.
이번에는 지렁이를 만났어요.
"지렁아, 난 크면 뭐가 될까?"
"글쎄…? 시간이 지나면 알지 않을까?"

애벌레는 다시 길을 떠나 땅 위에 도착했어요.
그곳에서 두더지 아주머니를 만났어요.
"아주머니, 저는 커서 뭐가 될까요?"
"호호호. 궁금하면 저기 나무 위로 올라가 보렴."
애벌레는 꿈틀꿈틀거리며 나무에 오르기 시작했어요.
그러다 그만 나무에서 잠이 들어버렸지요.
쨍쨍 해가 비추는 아침이 돼서야 눈을 뜬 애벌레 등에는
멋진 날개가 돋아있었어요.
"아, 난 커서 멋진 매미가 되었구나! 신난다!"
신이 난 매미는 하루종일 노래를 불렀답니다.
"맴맴맴맴"

30 꼬꼬댁네 봄나들이 대소동
60초! 만화 손그림

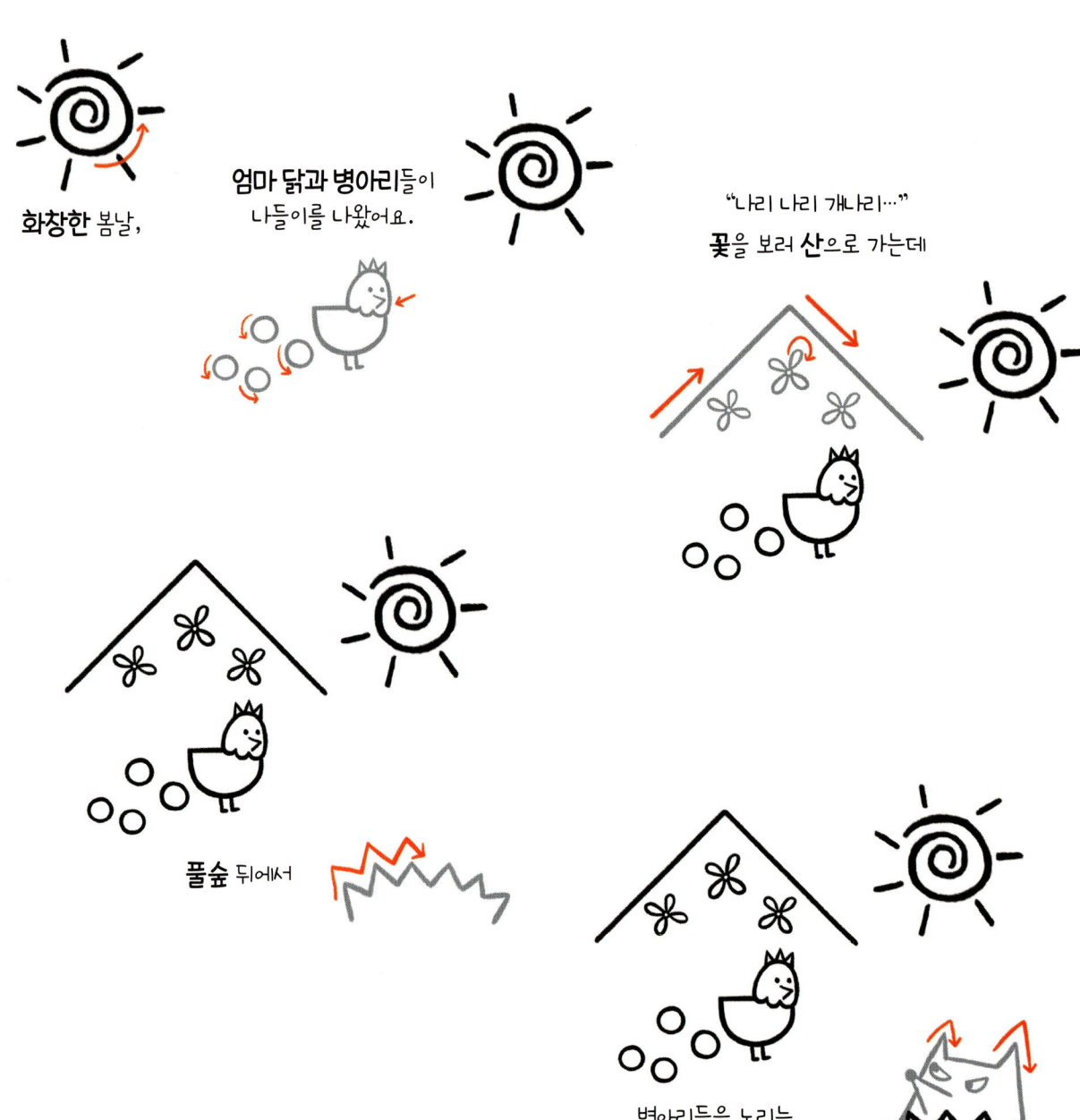

148 이야기로 그리는 손그림

깜짝 놀란 엄마 닭은
"꼬끼오!
얘들아 어서 집으로 돌아가렴!!!"

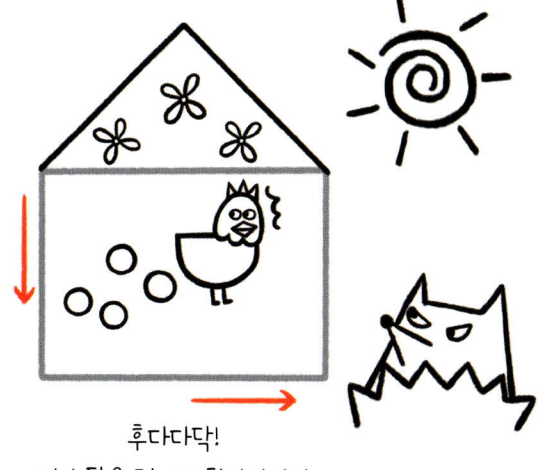

후다다닥!
엄마 닭은 집에 도착하자마자
문을 "쾅!" 하고 닫았어요.

"휴―, 아가들아 다 들어왔니?"
"첫째?" "네!"
"둘째?" "네!"
"셋째?" "네!"
"넷째?" "네!"
"다섯째?…다섯째? 다섯째!"

다섯째가 **보이지 않아요.**
설마… 늑대에게 잡아 먹힌 걸까요?

재잘재잘, 이야기 손그림 **149**

60초! 만화 손그림
꼬꼬댁네 봄나들이 대소동

그때 어디선가
"쿨~~~ 쿨~~~"
코 고는 소리가 들려요.

알고 보니 잠꾸러기 다섯째는 나들이도 따라오지 않고
둥지에서 자고 있었네요.

띠리리리리리….
"에효, 다행이다."

화창한 봄날, 엄마 닭과 병아리들이 나들이를 나왔어요.
"나리 나리 개나리…."
꽃을 보러 산으로 가는데 풀숲 뒤에서 병아리들을 노리는 늑대를 발견했어요.
깜짝 놀란 엄마 닭은
"꼬끼오! 얘들아 어서 집으로 돌아가렴!!!"
후다다닥! 엄마 닭은 집에 도착하자마자
문을 "쾅!" 하고 닫았어요.
"휴-, 아가들아 다 들어왔니?"
"첫째?" "네!"
"둘째?" "네!"
"셋째?" "네!"
"넷째?" "네!"
"다섯째?… 다섯째? 다섯째!"
다섯째가 보이지 않아요.
설마… 늑대에게 잡아 먹힌 걸까요?
그때 어디선가 "쿨~~~ 쿨~~~" 코 고는 소리가 들려요.
알고 보니 잠꾸러기 다섯째는 나들이도 따라오지 않고
둥지에서 자고 있었네요. 띠리리리리리….
"에효, 다행이다."

60초! 만화 손그림

31 별 따러 간 토끼

밤하늘에 반짝이는
별과 **달**을 좋아하는

토끼
한 마리가 있었어요.

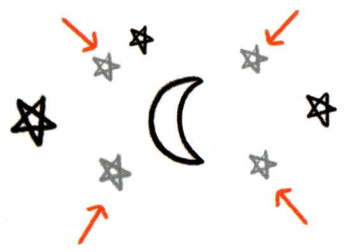

토끼는 아침이면 **별**과 달이
사라져서 슬펐어요.
그래서 별을 따기로 결심했죠.

막대기로 하늘을
찔러보았지만,
별에게 닿지 않았어요.

그래서 더 **긴 막대기**를
가져왔지만
역시 별을 딸 수 없었죠.

152 이야기로 그리는 손그림

이번에는 큰 **바구니를** 가져와 별이 떨어지기만을 기다렸어요.
하루, 이틀, 삼일, 열흘이 지나도 별은 떨어지지 않았죠.

"아! 풍선을 달면 하늘로 올라갈 수 있지 않을까?"
풍선을 바구니와 막대기에 달아도 봤지만
바구니는 꿈쩍도 하지 않았어요.

토끼는 **잠들면서** 기도했죠.
"제발 별과 달을 한 번이라도 가까이에서 볼 수 있게 해주세요."

잠에서 깬 토끼는

60초! 만화 손그림
별 따러 간 토끼

하늘에 둥둥
떠 있었어요.
어떻게 된 일이냐고요?

토끼의 기도를 듣고 구름이 토끼를
하늘로 데려와 줬어요.

별과 달을 가까이서
본 토끼는
너무너무 행복했답니다.

밤하늘에 반짝이는 별과 달을 좋아하는
토끼 한 마리가 있었어요.
토끼는 아침이면 별과 달이 사라져서 슬펐어요.
그래서 별을 따기로 결심했죠.
막대기로 하늘을 찔러보았지만, 별에게 닿지 않았어요.
그래서 더 긴 막대기를 가져왔지만 역시 별을 딸 수 없었죠.
이번에는 큰 바구니를 가져와 별이 떨어지기만을 기다렸어요.
하루, 이틀, 삼일, 열흘이 지나도 별은 떨어지지 않았죠.
"아! 풍선을 달면 하늘로 올라갈 수 있지 않을까?"

풍선을 바구니와 막대기에 달아도 봤지만
바구니는 꿈쩍도 하지 않았어요.
토끼는 잠들면서 기도했죠.
"제발 별과 달을 한 번이라도
 가까이에서 볼 수 있게 해주세요."
잠에서 깬 토끼는 하늘에 둥둥 떠 있었어요.
어떻게 된 일이냐고요?
토끼의 기도를 듣고 구름이 토끼를 하늘로 데려와 줬어요.
별과 달을 가까이에서 본 토끼는 너무너무 행복했답니다.

『재잘재잘, 이야기 손그림(노래로, 수수께끼로, 이야기로)』 영상 보는 방법

방법 1. 영상 평생 소장! 예술놀이터 출판사 홈페이지(artplay.co.kr)에서 아래의 시리얼 넘버를 입력하고 영상을 다운 받아 보관후 이용하세요.

방법 2. 바로 영상 시청! 본문에 있는 QR코드를 찍고 아래의 시리얼 넘버를 입력하면 핸드폰에서 바로바로 영상을 볼 수 있습니다.

※ 영상 내려받기 및 핸드폰 보기는 첫 접속 후 1년 동안만 가능합니다. 미리 영상 파일을 다운 받아 놓으세요.

our2406

이야기 손그림을 제대로 즐기기

재잘재잘 이야기 손그림 워크북

- 이 책에 실린 '이야기 손그림'의 완성 그림을 모두 담았어요
- 그리기 선이 점선으로 되어 있어 어린아이도 쉽게 그림을 완성할 수 있어요
- 그림 그리기, 색칠하기, 창작하기를 한 번에 즐길 수 있어요